Königs Erläuterungen und Materialien
Band 366

Erläuterungen zu

Friedrich Dürrenmatt

Der Besuch der alten Dame

von Bernd Matzkowski

Bange Verlag

Über den Autor dieser Erläuterung:

Bernd Matzkowski ist 1952 geboren. Er ist verheiratet und hat zwei Kinder.
Lehrer (Oberstudienrat) am Heisenberg Gymnasium Gladbeck
Fächer: Deutsch, Sozialwissenschaften, Politik, Literatur/Theater (in NRW in der Sek. II eigenes Fach mit Richtlinien etc.)
Beratungslehrer für Suchtprävention
Ausbildungskoordinator (Betreuung von ReferendarInnen, Abnahme von Staatsexamina)

Hinweis:

Die Rechtschreibung wurde der amtlichen Neuregelung angepasst. Zitate Dürrenmatts und Brechts müssen aufgrund von Einsprüchen in der alten Rechtschreibung beibehalten werden.

2., ergänzte und überarbeitete Auflage 2002
ISBN 3-8044-1711-6

Foto: Ingrid Rose
ETA HOFFMANN THEATER Bamberg, Spielzeit 1995/96
Calderón-Spiele Alte Hofhaltung
Der Besuch der alten Dame von Friedrich Dürrenmatt
Claire Zachanassian (Karin M. Schneider)

Druck und Weiterverarbeitung: FINIDR Vimperk

Faszination zu erklären, die von diesem Drama Dürrenmatts ausgeht und seit seiner Uraufführung ausgegangen ist. Textgrundlage ist dabei die Fassung aus dem Jahre 1980, die aber von der Urfassung nur geringfügig abweicht. Die Textausgabe des Diogenes-Verlages enthält neben dieser Neufassung im Anhang Randnotizen und Erläuterungen Dürrenmatts sowie die abweichende Fassung der Szene „Ills Laden" aus dem III. Akt.[1]

1 Dürrenmatt, Friedrich: *Der Besuch der alten Dame – eine tragische Komödie.* Neufassung 1980. Zürich: Diogenes-Verlag 1998 (Diogenes Taschenbuch 23045).

1. Friedrich Dürrenmatt – Leben und Werk[2]

1.1 Biografie

Jahr	Ort	Ereignis	Alter
1921	Konolfingen (Kanton Bern)	Dürrenmatt wird am **5. Januar** als einziger Sohn des protestantischen Pfarrers Reinhold Dürrenmatt und seiner Ehefrau Hulda (geb. Zimmermann) geboren.	
1935	Bern	Die Familie zieht nach Bern um; Dürrenmatt besucht zunächst das „Freie Gymnasium" und später das „Humboldtianum".	14
1941	Bern	Maturität (schwz. Hochschulreife) Dürrenmatt nimmt das Studium der Philosophie und der Literatur- und Naturwissenschaften auf (Zürich, Bern).	20
1943		Erste schriftstellerische Versuche. Es entsteht u. a. das Theaterstück *Komödie*, das aber weder im Druck noch auf der Bühne erscheint.	22

2 Zum folgenden Kapitel des Bandes vergl. u. a. Anton Krättli, *Friedrich Dürrenmatt* in Kritisches Lexikon zur deutschsprachigen Gegenwartsliteratur (KLG), Bnd. 2, 38. Nachlieferung (NLG), edition text und kritik, S. 1–30, Oskar Keller, *Friedrich Dürrenmatt, Die Physiker,* Oldenbourg Interpretationen, Bd. 9, Oldenbourg Verlag, München, 6. Aufl. 1988, besonders S. 107–108, Reinhard Kästler, *Friedrich Dürrenmatt, Die Physiker,* Königs Erläuterungen und Materialien Bnd. 368, Bange Verlag, Hollfeld, 4. Aufl. 1994, besonders S. 7–20, Rolf Geißler (Hrsg.), *Zur Interpretation des modernen Dramas: Brecht, Dürrenmatt, Frisch,* Diesterweg Verlag, Frankfurt a. Main, 9. Aufl. 1978, besonders S. 69–70.
Die genannten Werke und Ehrenpreise Dürrenmatts stellen eine Auswahl dar!

Jahr	Ort	Ereignis	Alter
1946	Basel	Dürrenmatt zieht nach Basel.	25
1947		Heirat mit Lotti Geißler *Es steht geschrieben* (Uraufführung)	26
1948	Ligerz	Dürrenmatt lebt in Ligerz am Bielersee. *Der Blinde* (Uraufführung)	27
1949		*Romulus der Große* (Uraufführung)	28
1950/52		*Der Richter und sein Henker* (Kriminalroman)	29/31
1952	Neuchâtel	*Die Ehe des Herrn Mississippi* (Uraufführung). Das Theaterstück wird zu Dürrenmatts erstem großen Bühnenerfolg. Dürrenmatt erwirbt ein Haus in Neuchâtel und lebt dort fortan mit seiner Frau sowie den Kindern Peter, Barbara und Ruth.	31
1953		*Ein Engel kommt nach Babylon* (Uraufführung) *Der Verdacht* (Kriminalroman)	32
1954	Bern	Literaturpreis der Stadt Bern	33
1955		*Grieche sucht Griechin* (Eine Prosakomödie)	34
1956		***Der Besuch der alten Dame*** (Uraufführung) *Die Panne* (Erzählung/Hörspiel)	35
1957		Hörspielpreis der Kriegsblinden	36

Jahr	Ort	Ereignis	Alter
1958		*Das Versprechen* (Roman) Prix Italia	37
1959		*Frank der Fünfte* (Uraufführung)	38
1962		*Die Physiker* (Uraufführung)	41
1963		*Herkules und der Stall des Augias* (Uraufführung)	42
1966		*Der Meteor* (Uraufführung)	45
1967		*Die Wiedertäufer* (Uraufführung/ eine Neubearbeitung von *Es steht geschrieben*)	46
1970		*Porträt eines Planeten* (Uraufführung)	49
1973		*Der Mitmacher* (Uraufführung)	52
1977	Nizza/ Jerusalem	Buber-Rosenzweig-Medaille Ehrendoktor der Universität Nizza und der Hebräischen Universität Jerusalem	56
	Beerscheba	Ehrenmitglied der Ben-Gurion-Universität in Beerscheba	
1981	Neuchâtel	Tod seiner Frau Lotti Ehrendoktor der Universität Neuchâtel	60
1983		*Achterloo* (Uraufführung)	62
1984		Heirat mit der Schauspielerin Charlotte Kerr Österreichischer Staatspreis für Literatur	63
1985		*Justiz* (Roman)	64
1986		*Der Auftrag* (Novelle)	65
1990	Neuchâtel	**Tod am 14.12.** (Herzinfarkt)	69

1.2 Zeitgeschichtlicher Hintergrund

Will man sich dem Theater Friedrich Dürrenmatts nähern, so muss nahezu zwangsläufig der Name Brecht fallen. Dies gilt nicht nur im Falle der *Physiker*, die als Zurücknahme des Brecht'schen *Galilei* gelten können, sondern für Dürrenmatts Auffassung vom Theater überhaupt.[3]

Unter direktem Bezug auf Dürrenmatt, dessen Namen Brecht bereits im ersten Satz seines Textes „Kann die heutige Welt durch Theater wiedergegeben werden?", nennt, hatte Brecht 1955 in Darmstadt tagenden Dramaturgen noch einmal seinen Standpunkt von der Erkennbarkeit und der Veränderbarkeit der Welt dargelegt und die Rolle des Theaters in diesem Zusammenhang aufgezeigt:

Brecht und Dürrenmatt: Brechts Auffassung von der Welt und ihrer Darstellung im Theater

> *„Mit Interesse höre ich, daß Friedrich Dürrenmatt in einem Gespräch über das Theater die Frage gestellt hat, ob die heutige Welt durch Theater überhaupt noch wiedergegeben werden kann. (...) In einem Zeitalter, dessen Wissenschaft die Natur derart zu verändern weiß, daß die Welt schon nahezu bewohnbar erscheint, kann der Mensch dem Menschen nicht mehr lange als Opfer beschrieben werden, als Objekt einer unbekannten, aber fixierten Umwelt. Vom Standpunkt eines Spielballs aus sind die Bewegungsgesetze kaum konzipierbar.(...) Es wird Sie nicht verwundern, von mir zu hören, daß die Frage der Beschreibbarkeit der Welt eine gesellschaftliche Frage ist. (...) Und sie werden mir vielleicht darin zustimmen, daß die heutige Welt eine Änderung braucht. Für diesen kleinen Aufsatz, den*

3 Der Begriff „Zurücknahme" geht auf Hans Mayer zurück: *Brecht und Dürrenmatt oder Die Zurücknahme* in Manfred Brauneck (Hrsg.), Das deutsche Drama vom Expressionismus bis zur Gegenwart/Interpretationen, C.C. Buchners Verlag, Bamberg 1977, S. 212–223

ich als einen freundschaftlichen Beitrag zu Ihrer Diskussion zu betrachten bitte, genügt es vielleicht, wenn ich jedenfalls meine Meinung berichte, daß die heutige Welt auch auf dem Theater wiedergegeben werden kann, aber nur wenn sie als veränderbar aufgefaßt wird."[4]

Brecht: das Theater zeigt die Welt als veränderbar

Der Marxist Brecht ging davon aus, dass es in der Gesellschaft – wie auch in der Natur – Bewegungsgesetze gibt und dass diese Bewegungsgesetze der Gesellschaft (bestimmt durch die Entwicklung der Produktionsverhältnisse und Produktivkräfte und der auf ihrer Basis sich entwickelnden Klassenantagonismen) nicht nur erkennbar sind, sondern im Theater beschrieben werden können. Brechts Auffassung ist dabei von einer optimistischen Geschichtsauffassung geprägt, die eine Veränderung der gesellschaftlichen Verhältnisse nicht nur für wünschenswert, sondern auch für möglich hält. Das Theater könne, so Brechts Ansatz, die Bewegungsgesetze der Gesellschaft erhellen, die Gesellschaft als eine veränderbare zeigen und dadurch zu ihrer Veränderung beitragen.

Ganz anders Dürrenmatt. Auch er sieht, wie Brecht, die Ungerechtigkeiten dieser Welt, doch ist seine Position weder fortschrittsoptimistisch noch daran interessiert, Möglichkeiten der Veränderung auf dem Theater anzubieten:

Dürrenmatt: die Welt als Rätsel an Unheil

„Ich lehne es ab, das Allgemeine in einer Doktrin zu finden, ich nehme es als Chaos hin. Die Welt (die Bühne somit, die diese Welt bedeutet) steht für mich als ein Ungeheures da, als ein Rätsel an Unheil, das hingenommen werden muß, vor dem es jedoch kein Kapitulieren geben darf. Die Welt ist größer denn der Mensch, zwangsläufig nimmt sie bedrohliche Züge an,

4 Bertolt Brecht, *Kann die heutige Welt durch Theater wiedergegeben werden?* (1955) in Bertolt Brecht, Schriften zum Theater. Über eine nicht-aristotelische Dramatik, Suhrkamp Verlag/Bibliothek Suhrkamp Bnd. 41, Frankfurt am Main 1971, S. 7–9

die von einem Punkt außerhalb nicht bedrohlich wären, doch habe ich kein Recht und keine Fähigkeit, mich außerhalb zu stellen. Trost in der Dichtung ist oft nur allzu billig, ehrlicher ist es wohl, den menschlichen Blickwinkel beizubehalten."[5]

Den „Bewegungsgesetzen" bei Brecht steht hier das „Chaos" gegenüber, der Veränderbarkeit der Welt ein „Rätsel an Unheil", das „hingenommen werden muß", wenngleich auch nicht vor ihm zu kapitulieren ist. Eine Doktrin (bei Brecht seine marxistische Geschichtsauffassung), von der aus die Welt beschreibbar und erklärbar wäre, lehnt Dürrenmatt kategorisch ab.

Noch schärfer konturiert Dürrenmatt seine Gegenposition zu Brecht in seiner Mannheimer Rede aus Anlass der Verleihung des Schiller-Preises (1959), in der er sich mit Schiller, aber eben auch mit dem Theater Brechts, auseinander setzt:

Dürrenmatts Ablehnung der Position Brechts

„*Die Welt hat sich nicht so sehr durch ihre politischen Revolutionen verändert, wie man behauptet, sondern durch die Explosion der Menschheit ins Milliardenhafte, durch die notwendige Aufrichtung der Maschinenwelt, durch die zwangsläufige Verwandlung der Vaterländer in Staaten, der Völker in Massen, der Vaterlandsliebe in eine Treue der Firma gegenüber. Der alte Glaubenssatz der Revolutionäre, daß der Mensch die Welt verändern könne und müsse, ist für den Einzelnen unrealisierbar geworden, außer Kurs gesetzt, der Satz ist nur noch für die Menge brauchbar, als Schlagwort, als politisches Dynamit, als Hoffnung für die grauen Armeen der Hungernden.*"[6]

Aus heutiger Sicht mag es so scheinen, als habe Dürrenmatt mit seinen vier Jahre nach dieser Rede uraufgeführten *Physi-*

5 Friedrich Dürrenmatt, *Theaterprobleme* (1955), zitiert nach Ulrich Staehle (Hrsg.), Theorie des Dramas/Arbeitstexte für den Unterricht, Reclam Universal- Bibliothek Bnd. 9503, S. 109 f.

6 ders., Schillerrede (1959), zitiert nach Mayer, S. 220

kern die praktische Theaterprobe für seine theoretischen Ausführungen abliefern wollen. Für seinen Protagonisten Möbius erweist sich die These von der Veränderbarkeit der Welt tatsächlich als *außer Kurs gesetzt*, sein Versuch, die Welt zu retten, nimmt die *schlimmstmögliche Wendung*.[7]
Dürrenmatt nimmt Brechts Auffassung von der Veränderbarkeit der Welt nur noch als (quasi religiösen) Glaubenssatz, tauglich für die Propaganda, aber ohne Möglichkeit der Umsetzung.
Von seiner Weltsicht aus bestimmt Dürrenmatt auch die Antwort auf die Frage, welche Art (Gattung, Form) des Dramas die der Zeit angemessene ist, und kommt so zur Form der Komödie und ihrer Aufgabe in der Welt:

Dürrenmatt: Der Welt kommt nur noch die Komödie bei!

> *„Doch die Aufgabe der Kunst, soweit sie überhaupt eine Aufgabe haben kann, und somit die Aufgabe der heutigen Dramatik ist, Gestalt, Konkretes zu schaffen. Dies vermag vor allem die Komödie. Die Tragödie, als die gestrengste Kunstgattung, setzt eine gestaltete Welt voraus. Die Komödie (...) eine ungestaltete, im Werden, im Umsturz begriffene, eine Welt, die am Zusammenpacken ist wie die unsrige. (...) Die Tragödie setzt Schuld, Not, Maß, Übersicht, Verantwortung voraus. In der Wurstelei unseres Jahrhunderts, in diesem Kehraus der weißen Rasse, gibt es keine Schuldigen und keine Verantwortlichen mehr. Alle können nichts dafür und haben es nicht gewollt. (...) Schuld gibt es nur noch als persönliche Leistung, als religiöse Tat.* ***Uns kommt nur noch die Komödie bei.*** *(...) Doch ist das Tragische immer noch möglich, auch wenn die reine Tragö-*

7 „Eine Geschichte ist dann zu Ende gedacht, wenn sie ihre schlimmstmögliche Wendung genommen hat." 3. Punkt der „21 Punkte zu den Physikern", zitiert nach Friedrich Dürrenmatt, *Die Physiker*, Eine Komödie in zwei Akten. Neufassung 1980, Diogenes Taschenbuch Bd. 20837, Zürich 1985, S. 91

die nicht mehr möglich ist. ***Wir können das Tragische aus der Komödie heraus erzielen, hervorbringen als einen schrecklichen Moment, als einen sich öffnenden Abgrund*** *(…).“*[8] [Hervorhebung nicht im Original]

Hält Brecht, in dialektischer Brechung des vorgefundenen Schlechten, die Hoffnung auf Veränderung zum Guten durch Erkennen und kollektives Handeln bereit, führt Dürrenmatt seine Figuren (und damit auch die Rezipienten) über die „schlimmstmögliche Wendung“ bis an den Abgrund, in den wir hinein zu blicken vermögen, ohne aber eine Antwort oder eine Lösung parat zu haben oder eine solche Antwort bereit stellen zu können oder zu wollen. Von daher kann man Gestalten seiner Dramen, wie Ill aus *Der Besuch der alten* Dame, Romulus aus *Romulus der Große* und auch Möbius aus *Die Physiker*, als Einzelne begreifen, die die Verantwortung schultern und zugleich zu tragischen (oder tragikomischen) Figuren werden, weil ihr Handeln sie an den Abgrund führt (siehe auch 1.3). Der Abgrund, in den wir mit den Figuren blicken, erscheint deshalb umso entsetzlicher, weil Dürrenmatt seine (oft vitalen) Figuren in groteske Situationen setzt, seine Stücke mit brillanten szenischen Einfällen, den Mitteln des Slapsticks und des Kalauers, der Parodie und der Satire unterfüttert. Dabei hat der Theatermann Dürrenmatt stets auch die Bühnen- und Publikumswirksamkeit seiner Einfälle im Blick:

Dürrenmatt führt die Figuren zur „schlimmstmöglichen Wendung“

„Durch den Einfall, durch die Komödie wird das anonyme Publikum als Publikum erst möglich, eine Wirklichkeit, mit der zu rechnen, die aber auch zu berechnen ist. Der Einfall verwandelt die Menge der Theaterbesucher besonders leicht

Dürrenmatt zur Komödie und ihrer Wirkung auf das Publikum

8 Dürrenmatt, *Theaterprobleme*, in Staehle, S. 108 f.

in eine Masse, die nun angegriffen, verführt, überlistet werden kann, sich Dinge anzuhören, die sie sich sonst nicht so leicht anhören würde. Die Komödie ist eine Mausefalle, in die das Publikum immer wieder gerät und immer noch geraten wird."[9]

Die großen Bühnenerfolge, die Dürrenmatt besonders in den 60er Jahren hat feiern können, deuten darauf hin, dass das Publikum (damals) sich gerne in seinen „Mausefallen" hat fangen lassen.

9 ebd.

1.3 Angaben und Erläuterungen zu wesentlichen Werken Friedrich Dürrenmatts

Bereits die Zeitleiste (1.1), die selbst wiederum ja nur eine Auswahl aus dem Werk Friedrich Dürrenmatts präsentiert, dürfte deutlich gemacht haben, wie umfangreich das Gesamtwerk des Autors ist. Jeder Versuch, alleine dem dramatischen Schaffen Dürrenmatts auf wenigen Seiten gerecht zu werden, muss deshalb zum Scheitern verurteilt sein und wird hier gar nicht erst unternommen. Vielmehr sollen hier ausschnitthaft, in Anknüpfung an den Abschnitt 1.2, die Figuren **Ill** und **Romulus** aus Dürrenmatts *Der Besuch der alten* Dame und *Romulus der Große* sowie Kommissar **Bärlach** aus den Kriminalromanen *Der Richter und sein Henker* und *Der Verdacht* sowie **Möbius** aus der Komödie *Die Physiker* beleuchtet werden, weil es zwischen ihnen durchaus Berührungspunkte gibt. In einem weiteren Abschnitt dieses Kapitels soll auf einige Motivverbindungen zwischen dem Drama *Der Besuch der alten Dame* und anderen literarischen Werken Dürrenmatts hingewiesen werden.

1.3.1 Der Einzelne und die Verantwortung. Anmerkungen zu einigen Figuren Friedrich Dürrenmatts

1949 kommt Dürrenmatts Vier-Akter *Romulus der Große*, eine „ungeschichtliche historische Komödie", auf die Bühne (Uraufführung am Stadttheater Basel).[10]

Romulus der Große: Kurze Inhaltsangabe

Romulus, der letzte Kaiser des römischen Imperiums, der hauptsächlich Interesse an seiner Hühnerzucht hat

10 Textausgabe: Friedrich Dürrenmatt, *Romulus der Große.* Eine ungeschichtliche historische Komödie, Neufassung 1980, Diogenes Taschenbuch 20832, Diogenes Verlag, Zürich 1985

und seine Hühner alle mit den Namen seiner kaiserlichen Vorgänger belegt hat, wird damit konfrontiert, dass die Germanen Pavia überrannt haben und alsbald vor den Toren Roms stehen werden. Romulus ist aber zu der Einsicht gekommen, dass das römische Reich zum Untergang verurteilt ist („Rom ist längst gestorben. Du opferst dich einem Toten, du kämpfst für einen Schatten, du lebst für ein zerfallenes Grab", lässt er den Präfekten Spurius Titus Mamma wissen/*Romulus*, S. 46). Aus dieser Einsicht heraus weigert sich Romulus, die verbliebenen Truppen Roms in ein letztes und aussichtsloses Gefecht zu führen, was ihm als Verrat ausgelegt wird. Als er deswegen ermordet werden soll, macht er keine Anstalten, sich zu wehren, doch wird die Mordtat nicht ausgeführt, weil die Germanen eintreffen. Während der Hofstaat sich absetzt (bei der Flucht kommen Romulus' Frau und Tochter ums Leben), erwartet Romulus in seinem herunter gekommenen Landhaus nun die Germanen und mit ihnen seinen Tod. Doch Odoaker, der Germanenfürst, teilt mit Romulus die Vorliebe für die Hühnerzucht und die Müdigkeit, ein Weltreich zu erobern („Ich bin ein Bauer und hasse den Krieg. Ich suche eine Menschlichkeit, die ich in den germanischen Urwäldern nicht finden konnte. Ich fand sie in dir, Kaiser Romulus.", *Romulus*, S. 108). Beide Männer verständigen sich darauf, noch einmal eine kaiserliche Pose einzunehmen: Romulus ernennt Odoaker zum König von Italien, Odoaker schickt Romulus feierlich in Pension. Beide sehen aber in Odoakers Neffen Theoderich bereits ihren Henker und den Fortsetzer einer Kriegs- und Großmachtpolitik.

Dürrenmatts Komödie, mit viel Wortwitz und Kalauern durchsetzt (als „running gag" taucht der ewig verschlafene und immer zu spät kommende Spurius Titus Mamma auf), zeigt

mit Romulus einen ironischen „Helden", der dem Rollenbild eines römischen Kaisers nicht entsprechen und gleichsam aus der Geschichte aussteigen will.

Romulus – ein ironischer „Held"

Die Tragik Romulus' besteht darin, dass er den Untergang Roms bewusst in Kauf genommen hat und sich opfern will, weil er seinem Land schon zu viele Opfer zugemutet hat. Nun muss er weiter leben in dem Wissen darum, dass ein anderer (Theoderich nämlich) in Zukunft ein anderes Weltreich errichten wird, so dass das Rad von Krieg, Eroberung und Unterdrückung, das Romulus durch den bewusst herbei geführten Untergang Roms zum Stillstand bringen wollte, sich weiter drehen wird.

Der Richter und sein Henker: Handlung und Thematik

Kommissar Bärlach ist die Mittelpunktfigur der Kriminalromane *Der Richter und sein Henker* und *Der Verdacht*. In *Der Richter und sein Henker* beauftragt Kommissar Bärlach seinen Mitarbeiter Tschanz damit, den Mord an Schmied, der ebenfalls Mitarbeiter Bärlachs war, aufzuklären. Bärlach treibt von Anfang an ein doppeltes Spiel, da er zu der Erkenntnis gekommen ist, dass es Tschanz war, der Schmied aus Neid und Karrieresucht getötet hat.

Schmied war auf Gastmann angesetzt worden, den Bärlach sein ganzes Polizistenleben lang vergeblich zu überführen versucht hat und mit dem er schuldhaft in eine Wette verstrickt ist (Gastmann hatte mit Bärlach gewettet, er könne ein perfektes Verbrechen begehen, bei dem seine Schuld nicht nachzuweisen sei; Bärlach hatte diese Wette angenommen, worauf Gastmann einen Menschen tötete, ohne dass Bärlach ihn überführen konnte). Da Schmied nun tot ist, setzt er Tschanz auf Gastmann an und manipuliert ihn so, dass Tschanz, um von

sich selber abzulenken, Gastmann tötet und diesen als Mörder Schmieds präsentiert. In einem letzten Gespräch offenbart Bärlach Tschanz sein Wissen um den Mord an Schmied und gesteht Tschanz, dass er sich zum Richter über Gastmann gemacht und Tschanz als Henker für Gastmann gebraucht habe. Festnehmen lässt Bärlach Tschanz jedoch nicht. Dieser richtet sich selbst (er wird mit seinem Wagen von einem Zug überrollt).

Der Verdacht: über einen Zufall vom Verdacht zur Gewissheit

In *Der Verdacht* gerät Bärlach zufällig an ein Foto, das in ihm (bzw. in dem mit ihm befreundeten Arzt Hungertobel) den Verdacht erregt, es zeige einen ehemaligen KZ-Arzt, der unter anderem Namen nun eine angesehene Klinik für Millionäre betreibt. Bärlach geht diesem Verdacht konsequent nach und begibt sich in die Klinik. Dr. Emmenberger erweist sich als der, den Bärlach in ihm vermutet hat, durchschaut aber Bärlachs Tarnung und will den kranken Kommissar auf dem OP-Tisch töten. Gerettet wird Bärlach durch den rechtzeitig auftauchenden Juden Gulliver (eine Personifizierung des wandernden „ewigen Juden"), der die Menschenexperimente Dr. Emmenbergers im Konzentrationslager überlebt hat und nun als Racheengel durch die Welt zieht.

Kommissär Bärlach: Kurze Charakteristik

Bärlach ist ein Einzelgänger, verlässt sich mehr auf seinen Instinkt als auf „wissenschaftliche" Polizeimethoden und ist ein leidenschaftlicher (Schach-)Spieler. Das Unrecht dieser Welt hat er in sich hineingefressen. Er ist durch Magenkrebs gezeichnet (gleichwohl, was das Essen und Trinken angeht, ein Gargantua) und sieht einer Operation entgegen, deren Ausgang ungewiss ist.

Zugleich ist er ein Moralist, der den Einsatz seines Lebens nicht scheut (*Der Verdacht*), aber auch selbst unmoralisch han-

delt, um der Moral Geltung zu verschaffen, denn er bricht die Regeln des Gesetzes, indem er sich selbst zum Richter macht und Tschanz als sein Werkzeug benutzt, um Gastmann zur Strecke zu bringen (Der Richter und sein Henker).

Neben *Der Besuch der alten* Dame ist die Komödie *Die Physiker*, die 1962 uraufgeführt wurde, zum größten Theatererfolg Dürrenmatts geworden.

Die Physiker: zum Inhalt der Komödie

Das Stück spielt im Sanatorium „Les Cerisiers", das unter der Leitung von Mathilde von Zahnd steht. Drei Patienten werden dort betreut, alle drei Physiker. Der eine hält sich für Einstein, der zweite für Newton und der dritte ist Möbius, der behauptet, ihm erscheine der König Salomo. Das Stück beginnt als Kriminalgroteske, denn alle drei Physiker bringen eine Krankenschwester um (I. Akt). Im II. Akt stellt sich aber heraus, dass es sich bei Einstein und Newton, die ganz und gar nicht verrückt sind, um die Geheimagenten zweier feindlicher Mächte handelt, die sich lediglich im Sanatorium aufhalten, um Möbius auf die Spur zu kommen und ihn samt seiner genialen physikalischen Entdeckungen für ihre jeweilige Macht zu gewinnen. Es stellt sich heraus, dass auch Möbius den Irren nur spielt. Er ist in die Irrenanstalt gegangen, um sein Wissen und seine Entdeckungen nicht in die Hände von Politikern fallen zu lassen. Es gelingt Möbius, Einstein und Newton davon zu überzeugen, mit ihm gemeinsam im Irrenhaus zu bleiben, um die Welt vor dem Untergang zu bewahren, den er auf Grund seiner Erfindungen für möglich hält. Das Stück nimmt eine erneute Wendung, als Mathilde von Zahnd den drei Physikern verkündet, ihr erscheine Salomo, den Möbius verraten habe.

Mathilde von Zahnd hat Möbius' Aufzeichnungen kopiert, um sie zu verwerten und ein Imperium aufzubauen.
Das Sanatorium, mittlerweile mit Wachen und Gittern ausgestattet, wird zum Gefängnis für die drei Physiker. Die Geschichte hat ihre schlimmstmögliche Wendung genommen.
Bei aller Unterschiedlichkeit in der Figurenzeichnung und den Charakterzügen, den Handlungsweisen und Konstellationen, in die Romulus, Möbius und Bärlach gesetzt sind, ergeben sich doch Bezugspunkte zwischen diesen Figuren und Ill aus *Der Besuch der alten Dame*. Auf ihre jeweils ganz eigene Weise sind die Figuren in eine Schuld verstrickt, haben Schuld auf sich geladen und müssen sich ihrer Verantwortung stellen, wobei sie oft von der eigenen Vergangenheit eingeholt werden. **Romulus** erkennt im Gespräch mit Odoaker an, dass er sich das Recht genommen hat, „Roms Richter zu sein" und von seinem „Lande ein ungeheures Opfer" verlangt zu haben (*Romulus*, S. 108). **Bärlach** muss sich eingestehen, dass er durch die Wette mit Gastmann Schuld auf sich geladen hat, die er durch eine erneute Schuld in der Gegenwart – auch er macht sich zum Richter – zu tilgen sucht; **Ill** wird ebenfalls von der Vergangenheit, in der er Schuld auf sich geladen hat, eingeholt. **Möbius** sieht durch die Ergebnisse seiner Forschungen die Existenz der gesamten Menschheit gefährdet: „Unsere Wissenschaft ist schrecklich geworden, unsere Forschung gefährlich, unsere Erkenntnis tödlich." (*Die Physiker*, S. 74) Und um ein schrecklicheres Morden zu verhindern, ist er zum Mörder und somit schuldig geworden. Alle vier Figuren ziehen individuelle Konsequenzen aus ihren Einsichten und ihren Schuldanerkenntnissen. **Ill** steigt nicht in den Zug, der ihn von Güllen fort bringen könnte, **Romulus** erklärt das römische Weltreich für aufge-

Bezugspunkte zwischen Möbius, Romulus, Bärlach und Ill (*Besuch der alten Dame*)

Die „tapferen Einzelnen"

löst und geht in Pension, **Bärlach** riskiert sein Leben und begibt sich in die Hände eines Mörders, **Möbius** sucht Rettung durch die Flucht in das Irrenhaus. Durch ihre individuelle Tat wird die Welt als Ganzes aber nicht gerettet. Besonders **Möbius** trägt durch seinen Entschluss dazu bei, dass die „schlimmstmögliche Wendung" eintritt. Aber man „(...) kann den Kaiser Romulus, man kann Ill und Möbius, die tapferen Einzelnen, als Menschen verstehen, die ihre Verantwortung wahrnehmen, indem sie nicht mehr mitmachen, nicht mehr mitspielen."[11]

1.3.2 Vom Essen und Trinken – Motivverbindungen

Das Essen als Henkersmahlzeit

Das entscheidende Gespräch zwischen den drei Physikern (II. Akt) findet während eines üppigen Abendessens statt (Newton kommentiert: „Merkwürdig. Sonst essen wir doch abends leicht. Und bescheiden." *Die Physiker*, S. 61) Dass ein zentraler Dialog oder ein bedeutender Handlungsabschnitt in einem Text Dürrenmatts während eines Essens stattfindet, ist nicht nur dem Umstand geschuldet, dass Dürrenmatt selbst dem Essen und Trinken gerne zugesprochen hat. Dürrenmatt nutzt das kommunikative Moment eines Essens, zumal eines Abendessens, um seine Figuren „ins Gespräch miteinander" zu bringen und so Dialog und Handlung voranzutreiben. Allerdings wendet er die kommunikative Situation des Essens oft ins Bedrohliche und Gespenstische. Wenn Einstein das Abendessen als „**reinste Henkersmahlzeit**" bezeichnet (*Die Physiker*, S. 66, Hervorhebung nicht im Original), so trifft er mit seiner als Witz gemeinten Bemerkung den Nagel auf den Kopf, denn noch während des Essens verwandelt sich der Salon des Sanatoriums (der Spielort) in ein Gefängnis (vergl. S. 67). Als eine

11 A. Krättli, S. 20

Henkersmahlzeit entpuppt sich für den Generalvertreter Alfredo Traps aus Dürrenmatts *Die Panne* das Abendessen mit den älteren Herren, in deren Gesellschaft er nach der Panne seines Fahrzeugs gerät. Das Gespräch bei Tisch setzt Traps einer Verhörsituation aus; die alten Herren, ein Richter, ein Staatsanwalt, ein Verteidiger und ein (nebenberuflicher) Henker, alle schon nicht mehr im Amt, klagen ihn des Mordes an und verurteilen ihn zum Tode; das Spiel, wie sie es nennen, endet damit, dass Traps sich in seinem Zimmer erhängt.

Ein Abendessen als Verhörsituation

Auch das letzte und entscheidende Gespräch zwischen Kommissar Bärlach und seinem Mitarbeiter Tschanz (*Der Richter und sein Henker*) findet während eines Abendessens statt. Bärlach überführt Tschanz nicht nur des Mordes an Schmied, sondern klärt Tschanz darüber auf, dass und wie er ihn zum Werkzeug gemacht hat, um Gastmann, denn er seit Jahren gejagt hat, zu vernichten. Tschanz muss erkennen, dass die freundliche Einladung zum Essen eine Falle war.

Kaiser Romulus und Odoaker (*Romulus der Große*) kommen sich beim Genuss von Spargelwein, den Romulus kredenzen lässt, näher; jedoch stellt Odoaker fest, dass Bier besser schmeckt als dieses römische Getränk, und mit dem römischen Reich wird auch der Spargelwein in Vergessenheit geraten.

In *Der Besuch der alten Dame* gibt es keine Szene mit einem grossen Essen, doch spielen hier Genuss- und Lebensmittel eine Rolle, die die Güllener in Ills Krämerladen (in Erwartung baldigen Reichtums) auf Kredit kaufen (Schokolade, Tabak, Kognak) und in seinem Laden verzehren (siehe II. Akt). Nicht Ill verzehrt hier seine Henkersmahlzeit, sondern die Henker selbst sind es (die Einwohner Güllens), die, auf Ills Ermordung

spekulierend, sich in seinem Laden dem Genuss auf seine Kosten hingeben. Ills „Henkersmahlzeit" ist eine Zigarette. Er wird ermordet, nachdem er seine Zigarette hat auf den Boden fallen lassen und sie ausgetreten hat. Er wird ausgelöscht – wie seine Zigarette.

1.3.3 Vom Zufall – Motivverbindungen

Zufälle als Handlungselemente

Romulus und Odoaker können als Beleg für die Rolle des Zufalls in den literarischen Werken Dürrenmatts gelten, denn beide Imperatoren vereint (rein zufällig natürlich!) das Interesse an der Hühnerzucht. Und so parlieren sie bei ihrer Begegnung zunächst über die Vor- und Nachteile bestimmter Hühnerrassen, bevor sie auf das Schicksal des römischen Reiches zu sprechen kommen. Ein Zufall führt den Generalvertreter Traps (*Die Panne*) in die Abendgesellschaft der alten Herren, denn just an dem Abend, an dem der Motor seines Wagens wegen einer defekten Benzinleitung streikt, sind alle Gasthöfe in dem kleinen Ort belegt, so dass man ihn auf die Villa hinweist, in der ab und zu Reisende als Gast aufgenommen werden. Und zufällig tagen an diesem Abend wieder einmal die alten Herren und laden ihn ein.

Der Zufall als dramaturgisches Moment

Mehr durch einen Zufall kommt Kommissar Bärlach (*Der Verdacht*) dem ehemaligen KZ-Arzt Nehle/Emmenberger auf die Spur; denn zufällig hat Bärlachs Freund und Arzt Dr. Hungertobel diesen einst operiert und meint (wenn auch stark zweifelnd) ihn auf einem Foto wieder erkannt zu haben. Und gerettet wird Bärlach ebenfalls durch einen Zufall, der darin besteht, dass der Jude Gulliver, der Bärlach in höchster Not hilft, den mörderischen Zwerg (das Werkzeug Emmenbergers/Nehles) aus dem Konzentrationslager kennt.

In *Die Physiker* führt ein reiner Zufall Möbius, der seine Erkenntnisse vor der Welt verbergen will, ausgerechnet in ein Sanatorium, das von eine irren und geisteskranken Ärztin geleitet wird.

Nun können Zufälle ein unterschiedliches Gewicht, eine unterschiedliche dramaturgische Bedeutung haben. Sie können Anstoß für die Handlung sein, wie etwa das Foto für Bärlach Anstoß für seine Ermittlungen ist. Beim Zufall in *Die Physiker* handelt es sich um einen, wie Ulrich Profitlich es einmal genannt hat, „definitiven Zufall", einen Zufall, der das Geschehen in einem solchen Grade bestimmt, dass der (negative) Ausgang unaufhaltsam wird, dass die Schicksale der Figuren besiegelt sind, dass alle anderen Handlungsfaktoren keinen Einfluss mehr auf den Ausgang nehmen können und dass, wenn ein positives Ende greifbar nahe erscheint (in *Die Physiker* der Entschluss, gemeinsam im Irrenhaus zu bleiben, um die Welt zu retten), die Handlung eine entscheidende Schicksalswende nimmt.[12]

Der Besuch der alten Dame

Auch in *Der Besuch der alten Dame* ist der Zufall wirkungsmächtig, muss es doch als Zufall erscheinen, dass die mit Schimpf und Schande aus Güllen verjagte Claire Wäscher ausgerechnet in einem Bordell auf einen Multimilliardär trifft, der sie heiratet und ihr dadurch die Geldmittel in die Hände spielt, die sie benötigt, um ihre spätere Rache in die Tat umsetzen zu können. Dieser Zufall gehört zu den Handlungsvoraussetzungen, die das Bühnengeschehen ins Rollen bringen. Einmal in Gang gesetzt, läuft der Plan der früheren Klara Wäscher, aus der Claire Zachanassian geworden ist, dann allerdings mit der Präzision eines Schweizer Uhrwerks ab. Der Zufall hat keinen Platz mehr!

12 vergl. hierzu Ulrich Profitlich, *Friedrich Dürrenmatt. Komödienbegriff und Komödienstruktur – eine Einführung* (Kohlhammer Verlag), Stuttgart 1973, S. 28 f.

Ein Zufall als Handlungsvoraussetzung

Die Bedeutung des Zufalls spielt bei Dürrenmatt auf zwei Ebenen eine Rolle; auf der Ebene der Dramaturgie (des einzelnen Dramas oder auch einer Erzählung) ist der Zufall das Mittel, um den Einfall, der am Beginn eines Dramas oder eine Erzählung steht, über die Handlung zu entfalten und bis zu ihrem Ende zu führen, also zur „schlimmstmöglichen Wendung".[13] Die Pläne von Möbius werden durch den Zufall durchkreuzt, der aber seine Wirkungsmacht erst dadurch ins Schreckliche entfalten kann, dass er der irren Ärztin die Möglichkeiten in die Hände spielt, die sie zur Umsetzung ihrer Pläne benötigt, und dass Möbius – isoliert – in einer Welt lebt, vor der er meint, flüchten zu müssen, weil sie sonst seine Erfindungen ausschlachten würde, den eigen Untergang in Kauf nehmend.

Claire Zachanassian hätte ohne die zufällige Begegnung mit ihrem ersten Mann nicht die Milliarden zur Verfügung, die sie benötigt, um das Räderwerk ihrer Rache in Gang zu setzen. Zugleich hat der Zufall aber auch eine philosophische Dimension. Er stellt sich dem planenden Menschen entgegen und zeigt ihm die Grenzen des „Machbaren" (im Sinne einer vorausschauenden Planung) auf. Der Zufall als Prinzip ist der Ausdruck einer verlorenen Ordnung in einer Welt, die Dürrenmatt als „Chaos" sieht.[14] Der Zufall gehört somit zu den entscheidenden Kräften, die einer Veränderung der Gesellschaft im Sinne Brechts, der die Gesellschaft für veränderbar hielt, weil er ihre **Bewegungsgesetze für erkennbar hielt,** entgegenwirken.

Der Zufall als Prinzip im Kontext der Auffassungen Dürrenmatts

13 Dürrenmatts Punkte 1 und 2 zu *Die Physiker* beschreiben diesen Ansatzpunkt: „1 Ich gehe nicht von einer These, sondern von eine Geschichte aus. 2 Geht man von eine Geschichte aus, muß sie zu Ende gedacht werden." (*Die Physiker*, S. 91)

14 vergl. Dürrenmatt, *Theaterprobleme*, in Staehle, S. 109

2. Textanalyse und -interpretation

2.1 Entstehung und Quellen

2.1.1 Zur Entstehung von Dürrenmatts *Der Besuch der alten Dame*

Eine Bahnfahrt als Anregung und ein Bahnhof als Handlungsort

Das Stück *Der Besuch der alten Dame* ist 1955 in Neuchâtel entstanden und greift die früher lediglich konzipierte Novelle *Mondfinsternis* auf (die Novelle selbst stellt Dürrenmatt erst 1978 fertig). Vermutlich ist Dürrenmatt durch eine Bahnfahrt zu seinem Stück angeregt worden. Er fuhr von Neuenburg (Neuchâtel), wo er ab 1952 seinen Wohnsitz hatte, nach Bern und wieder zurück. In Kerzers und Ins, zwei kleinen Orten, hielt der Schnellzug an, und Dürrenmatt kam zu der Überlegung, dass es der Anfang vom Ende für die beiden Orte bedeuten würde, wenn der Schnellzug dort nicht mehr hielte.[15] Folgerichtig beginnt der *Der Besuch der alten Dame* auf einem Bahnhof, der ebenso verlottert ist wie das Städtchen Güllen, zu dem er gehört. Und auch das Ende des Dramas spielt auf dem Bahnhof, der aber, wie die gesamte Stadt, nun renoviert ist, etwas Blitzblankes hat und in dem die Schnellzüge wieder anhalten.

Durch diesen dramaturgischen Kunstgriff wird die „(...)Verbindung von moderner Technik und ‚Bedeutung' von Bedeutung-Sein (...) hergestellt."[16]

Dürrenmatts Stück weist, darauf wird in der begleitenden Fachliteratur immer wieder aufmerksam gemacht, auf ver-

15 vergl. J. Knopf, S. 93

16 ebd.

Literarische Anregungen

schiedene literarische Werke hin, zu denen es Motivverbindungen gibt oder die Dürrenmatt beeinflusst oder die eine oder andere Idee geliefert haben. Gotthelfs *Schwarze Spinne* ist zu nennen, auch Henrik Ibsens *Ein Volksfeind* (1882), *Das Haus in Montevideo oder Traugotts Versuchung* von Curt Goetz (1945) sowie *Der jüngste Tag* von Ödön von Horváth (1937–1955).[17] Der deutlichste Einfluss auf Dürrenmatts Drama wird Mark Twains Geschichte *Der Mann, der Hadleyburg korrumpierte* aus dem Jahre 1899 zugesprochen. In Twains Geschichte widerfährt einem Reisenden in der Kleinstadt Hadleyburg Unrecht. Er fasst darauf hin den Plan, die selbstgerechten Bürger der Stadt in Versuchung zu führen, um ihre „(...) Heuchelei und ihre Habgier unter dem scheinheiligen Gerede von Tugend und Christentum aufzudecken. (...) Bei Mark Twain ist die Entlarvung der Bürger von Anfang an Hauptzweck."[18]

Die Zeitumstände als Folie

Auch die Zeitumstände, die 50er Jahre und der wirtschaftliche Aufschwung, der mit ihnen (zumindest im Westen Europas) verbunden ist, spielen in das Stück hinein. „Um 1950 begann eine neue Zeit. (...) Die Wirklichkeit bekam wieder Glanz. Sonntag und Alltag waren wieder zu unterscheiden. Es gab wieder eine Spur von Luxus, wieder etwas, worauf sich Ehrgeiz und Träume projizieren ließen."[19] Die Trümmer des Krieges sind fast überall weggeräumt, der Neuaufbau und das Wirtschaftswunder setzen ein. Und die Schweiz, vom Krieg und seinen Folgen verschont, vollzieht diese Entwicklung zum Modernen rascher

---

17 vergl. Gerhard P. Knapp, *Friedrich Dürrenmatt*, Realien zur Literatur, Sammlung Metzler Bnd. 196 (Metzler Verlag), Stuttgart 1993, S. 84 f. sowie Dominik Jost, *Vom Gelde: Der Besuch der alten Dame* in Armin Arnold (Hrsg.), Interpretationen zu Friedrich Dürrenmatt, Literaturwissenschaft-Gesellschaftswissenschaft (LGW) 60. (Klett Verlag), Stuttgart 1982, S. 72 f.

18 Jost, S. 72

19 Paul Maenz, *Die 50er Jahre. Formen eines Jahrzehnts,* dumont taschenbücher Bnd. 157 (DuMont Verlag), Köln 1984, S. 34

und drastischer: ein Bauboom erfasst das Land, eine Motorisierungswelle ergreift seine Bürger, die Konjunktur zieht an.

> *„In der unzerstörten Schweiz wurde schneller offenbar, was in den anderen westeuropäischen Ländern, voran der Bundesrepublik, noch lange kaschiert wurde: dass der Umbau des kleinen, landwirtschaftlichen Landes in einen modernen Industriestaat nicht nur Aufbau, sondern vor allem auch Zerstörung hieß, Zerstörung einer menschlichen, überschaubaren, natürlichen, aber auch besonders schönen Landschaft zugunsten einer abgezirkelten, scheinbar sauberen, planen Industriewelt."*[20]

Und so zeigt das Stück *Der Besuch der alten Dame* auch die Geschichte eines ökonomischen Aufschwungs (wenn auch erkauft durch die Perversion des Rechts und der Moral): die Bürger Güllens werden zu Wohlstandsbürgern, leisten sich nicht nur die Genussmittel des Alltags (Camel-Zigaretten, Schokolade), sondern auch elegante Kleidung, schaffen sich Fahrzeuge an, etwa den „Opel Olympia", und spielen Tennis. Mit Güllen und seinen Bürgern ist somit etwas gestaltet, was für das Jahrzehnt überhaupt gelten kann, der Weg in die Prosperität. Dürrenmatt hat diese Dimension mit dem *ursprünglichen Untertitel* der Komödie zum Ausdruck gebracht: *„Komödie der Hochkonjunktur"*.

Kritik an der gesellschaftlichen Entwicklung

Dass Dürrenmatt dieser Entwicklung, für die Güllen nur ein Modell abgibt, skeptisch-ablehnend gegenüber steht, lässt sich aus *Der Besuch der alten Dame* unschwer ablesen.

20 Knopf, S. 92

2.1.2 Zur Aufnahme des Dramas (Rezeption)

Dürrenmatts *Der Besuch der alten Dame*, im Jahre 1955 geschrieben, wird am 29. Januar 1956 im Schauspielhaus Zürich unter der Regie von Oskar Wälterlin uraufgeführt. Die Hauptrollen spielen Gustav Knuth (Ill) und Therese Giehse (Claire Zachanassian), der Dürrenmatt *Die Physiker* gewidmet hat.[21] Noch im gleichen Jahr erschien das Stück auch in einer Buchausgabe.

Ein großer Bühnenerfolg

Der Besuch der alten Dame wird zum ersten wirklich großen Theatererfolg Dürrenmatts und gilt neben *Die Physiker* als sein gelungenstes Werk, etliche Kritiker halten es für sein bestes Theaterstück überhaupt. Es erobert rasch die Bühnen und begründet nicht nur den Weltruhm seines Autors, sondern bringt ihm auch dringend benötigtes Geld ein, um seinen Lebensunterhalt zu bestreiten.

Dürrenmatts private Situation

Im Jahre 1951 hatte sich nämlich das Kabarett „Cornichon" (gegründet 1934), für das Dürrenmatt als Autor tätig war, aufgelöst, so dass eine Einkommensquelle entfallen war. Die Komödie *Die Ehe des Herrn Mississippi* war zunächst vom Verlag abgelehnt worden und wurde erst 1952 veröffentlicht. Dürrenmatts war zu dieser Zeit als Theaterkritiker der „Weltwoche" tätig. Um ein zusätzliches Einkommen zu erzielen, hatte Dürrenmatt für den „Schweizer Beobachter" zunächst *Der Richter und sein Henker* (1950/51) und dann *Der Verdacht* (1951/52) verfasst. Beide Romane erschienen bald nach der Veröffentlichung im „Beobachter" auch als Taschen-

21 siehe die Widmung „Für Therese Giehse" in *Die Physiker*, S. 9

bücher. Der Publikumserfolg von *Der Besuch der alten Dame* sicherte Dürrenmatt auf finanzieller Ebene endgültig ab.

Theater – Film – Oper

Der Besuch der alten Dame gehört in den Jahren nach der Uraufführung zum Standartrepertoire aller großen Theater und ist in zahlreiche Weltsprachen übersetzt worden. 1958 kam das Stück in New York auf die Bühne, 1960 in Mailand, und bereits 1964 erschien unter dem Titel *The Visit* eine Filmfassung (20th Centuy Fox; Regie: Berhard Wicki, in den Hauptrollen Ingrid Bergmann und Anthony Quinn), die allerdings den Schluss verändert und den Konflikt in „gerührtem Verzeihen" – mit typischem „Hollywood-Happy-End" – ausklingen lässt.[22] Eine Opernfassung (das Libretto erarbeitete Dürrenmatt gemeinsam mit dem Komponisten Gottfried von Einem) wird 1971 in Wien uraufgeführt.

2.1.3 Zur Gattung

In *Theaterprobleme* hatte Dürrenmatt zur Gattung Komödie ausgeführt:

Der mutige Mensch und die Komödie

> *„Nun liegt der Schluß nahe, die Komödie sei der Ausdruck der Verzweiflung, doch ist dieser Schluß nicht zwingend. Gewiß, wer das Sinnlose, das Hoffnungslose dieser Welt sieht, kann verzweifeln, doch ist diese Verzweiflung nicht eine Folge dieser Welt, sondern eine Antwort, die er auf diese Welt gibt, und eine andere Antwort wäre sein Nichtverzweifeln, sein Entschluß etwa, die Welt zu bestehen (...). Auch der nimmt Distanz, auch der tritt einen Schritt zurück, der seinen Gegner einschätzen will, der sich bereit macht, mit ihm zu kämpfen oder ihm zu*

22 siehe Jost, S. 73

> *entgehen. Es ist immer noch möglich, den mutigen Menschen zu zeigen. Dies ist denn auch eines meiner Hauptanliegen."*[23]

Aus der von Dürrenmatt hier vorgenommenen Bestimmung der Komödie lässt sich die Frage ableiten, ob *Ill* überhaupt als ein solcher *mutiger Mensch* verstanden werden kann. Der Autor selbst hat in den *Erläuterungen* zu seinem Stück darauf hingewiesen, wie die Figur gesehen werden soll.

> *„Ist Claire Zachanassian unbewegt, eine Heldin, von Anfang an, wird ihr alter Geliebter erst zum Helden. Ein verschmierter Krämer, fällt er ihr zu Beginn ahnungslos zum Opfer; schuldig, ist er der Meinung, das Leben hätte von selber alle Schuld getilgt; ein gedankenloses Mannsbild, ein einfacher Mann, dem langsam etwas aufgeht, durch Furcht, durch Entsetzen, etwas höchst Persönliches; an sich erlebt er die Gerechtigkeit, weil er seine Schuld erkennt, er wird groß durch sein Sterben (…)."* (S. 143)

Ills Größe liegt in seinem Schuldanerkenntnis

Ills Mut besteht, folgt man Dürrenmatts Äußerungen zu seiner Figur, im Schuldanerkenntnis, das ihn der Gemeinde der Güllener gegenüber auszeichnet und ihn erhöht. Dürrenmatt operiert, fasst man seine Ausführungen zu Ill nicht als Stilisierung oder gar als bewusste Täuschung des Publikums auf, in der Beschreibung Ills mit Begriffen, die der Gattung Tragödie zuzurechnen sind (Held, Schuld sowie Furcht und Entsetzen in Anspielung auf die kathartische „Reinigung durch Furcht und Schrecken"). Auch durch den Untertitel des Dramas (*Eine tragische Komödie*) schlägt Dürrenmatt eine Bogen von der Komödie zur Tragödie.

23 Dürrenmatt, *Theaterprobleme*, in Staehle, S. 109

Deshalb sind zum Begriff des „Tragischen“ im Zusammenhang mit *Der Besuch der alten Dame* einige Hinweise nötig.[24] Stellt man Ill einer „klassischen“ tragischen Gestalt des griechischen (oder kultischen) Tragödientyps gegenüber, zu der Dürrenmatt Bezüge bewusst herstellt, etwa dem Ödipus des Sophokles, so ergeben sich deutliche Unterschiede. Ill bewegt sich, ganz im Gegensatz zu Ödipus, nicht auf einer Grenzlinie zwischen Freiheit und Notwendigkeit. Ödipus entscheidet sich dafür, sein (vermeintliches) Elternhaus zu verlassen, um keine Schuld auf sich zu laden (Inzest/Vatermord) und lädt gerade durch diesen Entschluss – unwissentlich – Schuld auf sich. Er wird – ein Scheinparadoxon – schuldlos in Schuld verstrickt. Ill aber hat (als eine der Handlungsvoraussetzungen) wissentlich Schuld auf sich geladen, weil er, schnöden materiellen Interessen folgend, nämlich um in den Besitz des Krämerladens seine späteren Frau zu kommen, seine Liebe zu Klara Wäscher verraten hat. Er hat das Elend, in das Klara gestoßen wurde, dabei willentlich in Kauf genommen (bestochene Zeugen im Prozess, Verjagung aus dem Dorf).

Ill und Ödipus: Ein Vergleich

Ödipus bewegt sich, auch hier wieder ganz im Gegensatz zu Ill, auf einer Grenzlinie zwischen Autonomie und göttlicher Autorität. Ödipus trifft seine Entscheidungen selbst, er folgt eigenen Beweggründen und Zwecken – und gerade dadurch setzt er den Willen der Götter um, schreitet in sein vom Schicksal vorher bestimmtes Verhängnis.

Ganz anders Ill. Sein Schicksal ist zunächst einmal nicht vorbestimmt (auf ihm ruht nicht der Fluch eines Orakels). Seine Entscheidung gegen Klara (Handlungsvoraussetzung) ist kein Teil eines göttlichen Plans, der ihn zur Vernichtung bestimmt

---

24 vergl. zu diesem Abschnitt Eberhard Hermes, *Abiturwissen Drama* (Klett Verlag), Stuttgart 2. Aufl. 1990, S. 135–138 und Bernd Matzkowski, *Erläuterungen zu Sophokles, König Ödipus*, Königs Erläuterungen und Materialien Bnd. 46 (Bange Verlag), Hollfeld 2002, besonders S. 83–89

hat. Sein unverantwortliches Handeln (der Verrat an Klara) erfolgt in eigener Verantwortung, nicht als vom Schicksal vorgezeichneter Weg ins Leid. Von daher ergibt sich auch ein deutlicher Kontrast, wenn man die Konsequenzen, die sich an den Figuren vollziehen, betrachtet (Selbstblendung und Verbannung bei Ödipus/Tod Ills). Bei Sophokles werden, einfach gesagt, die Götter wieder in ihr Recht gesetzt, ihre Allmacht gegenüber den Menschen wird am Schicksal eines „Großen" gezeigt, Ödipus' „Opfer" erscheint somit nicht als sinnlos. Der Tod Ills geht einher mit Unrecht, von den Güllenern allerdings zur Gerechtigkeit stilisiert. „Ills Opfer wird (dadurch) nachträglich desavouiert, sein Sinn ins Gegenteil verkehrt durch die Kommentare und Handlungen einer Mitwelt, die das Pendant des Heldentums, eine der Gesinnung des Helden korrespondierende Bewusstseinsbeschaffenheit vermissen lässt. An die Stelle der tragischen Reinigung der mythischen Polis tritt in Güllen die Befleckung, an die Stelle der Erneuerung die Fortführung der altgewohnten ‚Wurstelei'."[25] So lässt sich auch Dürrenmatts Hinweis verstehen, Ills Tod sei „sinnvoll und sinnlos zugleich. Sinnvoll allein wäre er im mythischen Reich einer antiken Polis (…)." (S. 143)

Ills Opfer – sinnvoll und sinnlos

Die Gegeninstanz zum Helden, die allgegenwärtigen Götter, fehlt in Dürrenmatts Stück ebenfalls. Auch Claire Zachanassian kann nicht als personifiziertes Schicksal oder Schicksalsgöttin gelten. Vielmehr muss sie, folgt man dem Verständnis des Autors, als das gesehen werden, was sie ist, nämlich als die „reichste Frau der Welt." (S. 142). Durch Claire Zachanassian wird kein göttlicher Plan vollzogen, es wird noch nicht einmal, auch wenn der Begriff im Stück immer wieder

25 Ulrich Profitlich, ebd., S. 65 f.

Göttlicher Plan und menschliche Rache

fällt und Claire Zachanassian ihn für sich in Anspruch nimmt, Gerechtigkeit wieder hergestellt. Es geht um eine Rache, die – gut geplant und minutiös umgesetzt – an Ill exekutiert wird. „Wenn wir in Claire Zachanassian nicht so etwas wie eine strafende Gottheit sehen – aber dazu müsste das Stück reine Mythologie sein – kommt für ihre Vergeltung nur der Begriff der Rache in Betracht."[26]

Das „Tragische" an Dürrenmatts Komödie kann also schwerlich an den Figuren (Ill) fest gemacht werden. Gleichwohl lassen sich auf der Ebene der Struktur, der Bauweise, Elemente eines klassischen Dramas entdecken. Wie die Tragödie *König Ödipus* von Sophokles ist Dürrenmatts *Der Besuch*

Analytisches Drama

der alten Dame als **analytisches Drama** angelegt; die Handlungsvoraussetzungen liegen, wie im Ödipus-Drama, (zeitlich) weit vor Einsetzen der Bühnenhandlung und werden im Laufe der Handlung ins Stück geholt und wie bei einem Puzzle zusammen gesetzt, um dann in ihren letzen Auswirkungen sich zur Katastrophe zuzuspitzen. Und wie im *König Ödipus* erst im 4. Epeisodion das Rätsel von Ödipus' Herkunft endgültig gelöst und dadurch seine Verstrickung in Schuld offensichtlich wird, so erfahren wir in Dürrenmatts Stück erst im Dritten Akt, genauer im letzten Gespräch zwischen Claire und Ill, die wirklichen Beweggründe für Claires Handeln, nämlich ihre durch Ill enttäuschte Liebe:

> *„Ich liebte dich. Du hast mich verraten. Doch den Traum von Leben, von Liebe, von Vertrauen, diesen einst wirklichen Traum, habe ich nicht vergessen. Ich will ihn wieder errichten*

26 Eberhard Schmidhäuser, *Verbrechen und Strafe. Ein Streifzug durch die Weltliteratur von Sophokles bis Dürrenmatt* (Beck Verlag), München 2. Aufl. 1996, S. 201

mit meinen Milliarden, die Vergangenheit ändern, indem ich dich vernichte." (S. 117)[27]

Mit Hilfe ihrer Milliarden will Claire Zachanassian den Verrat in der Vergangenheit ungeschehen machen, den einstigen Traum von der Liebe vergegenwärtigen und in die Zukunft verlängern. Der Tod Ills ist die Voraussetzung, um diesen Traum träumen zu können (als Ill tot am Boden liegt, betrachtet Caire Zachanassian sein Gesicht lange und regungslos, um dann aber zu sagen: „Er ist wieder so, wie er war, vor langer Zeit, der schwarze Panther." S. 131).

Spiel und Parodie

Dass Dürrenmatt sein Stück mit einem Chorlied abschließt, einem Strukturelement des griechischen Dramas, stellt einen weiteren Bezuspunkt zur klassischen Tragödie her, wobei eine Parallele auch darin zu sehen ist, dass bei Dürrenmatt die Güllener selbst die Mitglieder des Chores stellen, wie ja auch in der griechischen Tragödie der Chor von Athener Bürgern gestellt wurde. Allerdings hat diese Chorpassage, die deutlich anspielt auf eine Chorpassage aus der *Antigone* des Sophokles, zunächst einmal parodistischen Charakter.[28] Mit klassischen Formelementen wird hier gespielt, wie Dürrenmatts Drama *Der Besuch der alten Dame* mit mythologische Größe bzw.

---

27 Diese Passage gehört zu den Änderungen, die Dürrenmatt am Text vorgenommen hat. In einer früheren Fassung heißt es an dieser Stelle: ‚Deine Liebe ist gestorben vor vielen Jahren. Meine Liebe konnte nicht sterben. Aber auch nicht leben. Sie ist etwas *Böses* geworden wie ich selber, wie die bleichen Pilze und die blinden Wurzelgesichter in diesem Wald, überwuchert von meinen goldenen Milliarden. Die haben nach dir gegriffen mit ihren *Fangarmen*, dein Leben zu suchen. Weil es mir *gehört*. Auf ewig. Bald wird nichts mehr bleiben als *ein toter Geliebter in meiner Erinnerung*, ein mildes Gespenst in einem zerstörten Gehäuse." (Dürrenmatt, *Der Besuch der alten Dame* (Arche Verlag Zürich), Zürich 1956, S. 88 (Hervorhebungen nicht im Original). In der ursprünglichen Fassung geht es nicht um einen Traum, der weitergeträumt werden soll, sondern nur noch um die Erinnerung an einen toten Geliebten, der eingefangen und in Besitz genommen wird von einer Frau, deren Liebe so böse ist wie sie selbst.

28 vergl. Hans-Dieter Reeker (Hrsg.), *Sophokles, Antigone* (Klett Verlag), Stuttgart 1998, Vers 332–375.

Mythologisierungen überhaupt spielt, so etwa wenn der Lehrer Claire Zachanassian mit einer griechischen Schicksalsgöttin, einer Heldin der Antike und mit Medea vergleicht. Die tragikomischen Formelemente und Anspielungen auf den Mythos werden so zur Parodie, ohne sich allerdings darin zu erschöpfen. Sieht man nämlich das Verhalten der Güllener, die um des Geldes wegen einen Mord begehen, auf dem Hintergrund des Chorliedes aus der *Antigone* des Sophokles, so kann dieses Lied als Kontrastfolie dienen, die die Verblendung, die Anmassung der Güllener erst recht deutlich macht. Dürrenmatts Komödie erscheint dann als ein

Das Chorlied

> *„‚Gegenentwurf', eine Konfrontation einzelner tragischer Elemente mit einer ‚heruntergekommenen' Welt, die diesen Elementen die Rundung zur ‚Tragödie' verwehrt. Die Möglichkeiten der Tragödie (bzw. des kultischen Tragödientyps, auf den sich Dürrenmatt hier bezieht) sind zusammengeschmolzen auf einen erbärmlichen Rest, auf eine Schwundstufe, in der als Tragödie höchstens noch die Unausführbarkeit der Tragödie gelten kann."*[29]

Gegenentwurf zur Tragödie

29 Profitlich, S. 66; zum Chorlied siehe ausführlich 2.3.3

2.2 Inhaltsangabe

Erster Akt

Am heruntergekommenen Bahnhof des verarmten Städtchens Güllen warten Bürger auf die Ankunft ihre ehemaligen Mitbürgerin Klara Wäscher, die jetzt Claire Zachanassian heißt und Multimilliardärin ist. Sie erhoffen sich von einer großzügigen Spende der Zachanasian eine wirtschaftlichen Aufschwung der Gemeinde.
Während ein Pfändungsbeamter die letzten Werte, über die die Stadt noch verfügt, pfänden will, unterhalten sich der Bürgermeister und Alfred Ill, ein Jugendfreund Klara Wäschers, über die Rede zum Empfang des Gastes sowie die Feierlichkeiten. Ill schlägt dem Bürgermeister vor, zunächst alleine mit Claire Zachanassian reden zu dürfen, um ihre Stimmung für eine Spende positiv beeinflussen zu können.
Zur Überraschung der Wartenden hält der „Rasende Roland", ein Schnellzug, der wie alle anderen Schnellzüge Güllen sonst lediglich durchfährt, am Bahnhof. Dem Zug entsteigt Claire Zachanassian samt ihrem Gefolge. Dem Zugführer, der gegen das Stoppen des Zuges durch das Ziehen der Notbremse protestiert, drückt Claire Zachanassian ein paar Tausender in die Hand und weist ihn an, mit dem Zug weiter zu fahren.
Der Bürgermeister will eine Begrüßungsrede halten, die aber im Donnern des abfahrendes Zuges völlig untergeht. Es kommt zu einem ersten Gespräch zwischen Claire und Ill, in dem sie über ihre Vergangenheit sprechen. Der Kosename für Ill war „schwarzer Panther". Als Ill sagt, er sei immer noch dieser Panther, nennt ihn Claire Zachanassian fett, grau und versoffen. Die nun beginnenden, mehr oder weniger improvisierten Feierlichkeiten werden abermals durch vorbei-

rauschende Züge gestört. Einzelne Persönlichkeiten des Ortes (Polizist, Pfarrer, Arzt und Lehrer) stellen sich Claire Zachanassian vor: den Arzt fragt sie, ob er Totenscheine ausstelle, und den Pfarrer fragt sie, ob er zum Tode Verurteilte tröste. Anschließend will sie sich in Begleitung Ills auf den Weg zur Peterschen Scheune und in den Konradsweilerwald machen, alte Liebesorte aus der Zeit mit Ill. Sie lässt sich von zwei herkulischen Monstren in einer Sänfte tragen.
Die Güllener tauschen sich über ihr Gepäck (zahlreiche Koffer, ein schwarzer Sarg), zwei blinde Männer aus ihrer Begleitung, ihren seltsamen Ehemann und einen schwarzen Panther aus, den sie ebenfalls mit sich führt. Der Lehrer vergleicht Claire Zachanassian (rotes Haar, schwarze Kleidung, auffälliger Schmuck) mit einer griechischen Schicksalsgöttin. Es herrscht allerdings die Hoffnung vor, Ill könne Claire Zachanassian dazu bringen, durch eine großzügige Spende der Stadt zu helfen.
Es kommt zu einem Gespräch zwischen Ill und Claire Zachanassian im Konradsweilerwald, einem Ort, der mit Erinnerungen an ihre frühere Liebe verbunden ist. Das Gespräch enthüllt einen Teil ihrer gemeinsamen Geschichte: Ill hat Claire wegen seiner jetzigen Frau (Besitzerin des Krämerladens) verlassen, Claire wurde Dirne in einem Hamburger Bordell, wo sie den alten Zachanassian kennen lernte, der sie heiratete und ihr bei seinem Tod Milliarden hinterließ.
Ill bittet Claire, das Städtchen nicht im Stich zu lassen, was Claire ihm zusagt.
Im Wirtshaus kommt es dann zu der geplanten Feierlichkeit mit Chor, Musik und einer Pyramide der Turner. Einen der Turner fragt Claire Zachanassian, ob er schon einmal einen Menschen erwürgt habe. Der Bürgermeister hält eine Begrüssungsrede, deren Aussagen zu Claire Zachanassian die Wirklichkeit verfälschen, was von der Angesprochenen auch umgehend korrigiert wird. Claire Zachanassian kündigt an, sie

wolle der Stadt eine Milliarde schenken (fünfhundert Millionen für die Stadt, weitere fünfhundert Millionen verteilt auf die einzelnen Familien). Ungeheurer Jubel bricht aus, doch Claire Zachanassian stellt eine Bedingung für ihre Schenkung: Sie will Gerechtigkeit kaufen. Die Güllener reagieren mit Verständnislosigkeit. Darauf hin tritt Claire Zachanassians Butler vor. Er gibt sich als der ehemalige Güllener Oberrichter Hofer zu erkennen, der in die Dienste der Zachanassian getreten ist. Hofer fordert Ill auf vorzutreten und führt dann aus, er habe im Jahre 1910 eine Vaterschaftsklage zu verhandeln gehabt, angestrengt von Claire Zachanassian gegen Ill. Dieser aber habe die Vaterschaft bestritten.
Die beiden blinden Männer treten vor und geben sich als Ludwig Sparr und Jakob Hühnlein zu erkennen und sagen aus, dass sie im damaligen Prozess, von Ill bestochen, eine Falschaussage gemacht hätten, indem sie behauptet hätten, mit Claire Zachanassian geschlafen zu haben. Weiterhin sagen sie aus, dass sie von Claire Zachanassians Monstren Toby und Roby Jahre nach dem Prozess zur Strafe für ihre Falschaussage kastriert und geblendet worden sind. Ill besteht darauf, dass die alten Geschichten längst verjährt seien, doch Claire Zachanassian erhebt den Vorwurf, durch das Fehlurteil des Gerichts zur Dirne gemacht worden zu sein, beschuldigt Ill, an ihrem Schicksal Schuld zu tragen und sie in ihr Leben gezwungen zu haben. Erneut fordert sie Gerechtigkeit als Gegenleistung für eine Milliarde. Unter dem Beifall der Anwesenden weist der Bürgermeister das Angebot Claire Zachanassians ab. Doch diese sagt: „Ich warte." (S. 50)

Zweiter Akt

Der zweite Akt beginnt mit einer Folge von Parallelszenen, die in Ills Laden und auf dem Balkon des Hotels „Zum Goldenen

Apostel" spielen, wo Claire Zachanassian residiert. Kränze werden über die Bühne getragen, ein allmorgendliches Ritual in Güllen. Ills Sohn macht sich auf den Weg zum Bahnhof, um dort Arbeit zu suchen. Claire Zachanassian weist ihren Butler an, ihr die Beinprothese zu bringen. Die beiden Blinden gehen mit dem Angelgerät des siebten Ehemannes der Zachanassian zum Fischen. Claire lässt sich von einem der Gangster Musik vorspielen. Güllener suchen Ills Laden auf, erstehen Waren und lassen anschreiben. Claire Zachanassian probiert die Zigarren ihres siebten Mannes, von dem sie sich getrennt hat, aus. Bei Gesprächen mit Ill versichern ihm die Güllener, dass sie zu ihm stehen, kaufen aber Schokolade und Schnaps auf Pump. Während der Butler Claire Zachanassian Whiskey serviert, erstehen Güllener bei Ill teuren Kognak und Tabak. Claire zeigt sich mit ihrem achten Gatten auf dem Balkon, die Güllener lassen anschreiben. Helmesberger (Der Zweite) taucht bei Ill auf, der feststellt, dass dieser, genau wie die Frauen bei ihm im Laden, neue gelbe Schuhe trägt, die auf Pump gekauft sind. Ill bewirft die Kunden mit Waren und stürzt in die Hinterräume des Ladens. Claire erklärt ihrem Gatten gegenüber den Lärm als Streit um den Fleischpreis. Ill spricht mit dem Polizisten und verlangt die Verhaftung der Zachanassian wegen Anstiftung zum Mord, der Polizist weist ihn ab, auch er trägt neue gelbe Schuhe und einen neuen Goldzahn im Mund. Durch einen Anruf erfährt der Polizist, dass der Panther ausgebrochen ist. Mit geschultertem Gewehr verlässt er Ill. Claire Zachanassian plaudert mit ihrem achten Gatten über ihre verflossenen Ehemänner und liest eingehende Post. Ill sucht den Bürgermeister auf und verlangt Schutz, aber der Bürgermeister beschwichtigt ihn und verweist auf die humanistischen Traditionen der Stadt. Er raucht teure neue Zigarren, eine neue Schreibmaschine wird in sein Büro

gebracht. Der Bürgermeister teilt Ill mit, dass er wegen seiner Verfehlungen nicht mehr als sein Nachfolger in Frage komme, und weist die Vorhaltungen Ills, die Stadt spekuliere auf seine Ermordung, empört zurück.

Claire Zachanassian geht unterdessen weiter ihre Post durch. Ill wendet sich an den Pfarrer, um bei ihm Hilfe zu suchen. Der Pfarrer aber rät ihm, sich um sein Seelenheil zu kümmern, sein Gewissen zu durchforschen und den Weg der Reue zu gehen. Ill bemerkt, dass der Pfarrer eine neue Glocke angeschafft hat, und bezichtigt ihn, auch auf seinen Tod zu setzen. Daraufhin fordert der Pfarrer Ill auf zu fliehen, um die Gemeinde nicht länger in Versuchung zu führen.

Claire Zachanassian registriert Schüsse und erfährt, dass man den Panther vor Ills Laden erschossen hat. Die Güllener versammeln sich; ein Chor trägt einen Trauergesang für den verstorbenen Panther vor, der Lehrer spricht der Zachanassian das Beileid der Gemeinde für den Verlust des Tieres aus. Als Ill mit einem Gewehr erscheint, verschwinden die Güllener. Ill bedroht Claire Zachanassian mit dem Gewehr und fordert sie auf, dem Spiel ein Ende zu machen, doch die Zachanassian ist von Ills Waffe unbeeindruckt. Sie erinnert Ill an den Tag ihrer ersten Begegnung und den Beginn ihrer Liebe und lässt Ill zurück, um den Transfer der Milliarde vorzubereiten.

In der letzten Szene des II. Aktes sehen wir Ill auf dem Weg zum Bahnhof; immer mehr Güllener schließen sich ihm an und umgeben ihn. Ills Hinweise auf den wachsenden Wohlstand und die Bedrohung, der er ausgesetzt ist, werden von den Mitbürgern als Unsinn abgetan. Ill sei in Güllen am sichersten, er sei ein beliebter Mitbürger, was man daran sehen könne, dass ihn alle zum Bahnhof begleiteten, so heißt es. Ein Zug hält an; die Güllener, die sich im Kreis um Ill geschart haben, fordern ihn auf, den Zug zu besteigen; alle haben die

Hände in den Hosentaschen; Ill fällt, voller Furcht, auf die Knie; der Bürgermeister fordert ihn auf, in den Zug zu steigen, ebenso der Lehrer. Doch Ill glaubt, dass einer ihn zurückhalten und töten wird. Der Zug fährt ab. Alle verlassen Ill, der auf dem Bahnsteig zusammengebrochen ist und jetzt weiß: „Ich bin verloren." (S. 85)

Dritter Akt

Der Lehrer und der Arzt suchen Claire Zachanassian in der Peterschen Scheune auf. Sie machen ihr den Vorschlag, ihre Milliarde nicht zu verschleudern, sondern sie dazu zu benutzen, die ökonomische Struktur Güllens durch Aufkauf der Werke und Rohstoffvorkommen zu verbessern und damit einen Gewinn zu erzielen. Claie Zachanassian enthüllt nun, dass sie in den zurückliegenden Jahren bereits alles durch Mittelsmänner erworben und den Ruin der Stadt bewusst betrieben habe. Jetzt sei Güllen in der Situation, ihre Bedingungen erfüllen zu müssen.
Ills Laden, jetzt neu eingerichtet, ist erneut Treffpunkt der Güllener, die Waren erstehen. Ill hat sich seit Tagen in seinem Zimmer eingeschlossen. „Der Erste" ersteht in lls Laden ein Beil und wartet an der Treppe zu seinem Zimmer auf ihn. Inzwischen ist die Presse im Ort eingetroffen, um über Claire Zachanassian zu berichten, und die Güllener sprechen gegenüber Ills Frau die Hoffnung aus, dass Ill nicht schwatzt. Der Lehrer erscheint im Laden, kauft Schnaps und beginnt zu trinken. Presseleute tauchen auf und fragen nach der Verbindung zwischen Ill, Claire Zachanassian und Ills Frau; die Vorgeschichte wird dahingehend umgedeutet, dass Claire verzichtet habe, damit Ill aus Liebe seine jetzige Frau heiraten könne. Der Lehrer, zusehends betrunkener, kündigt an, gegenüber der Presse die Wahrheit sagen zu wollen, doch Ill, der sein

Zimmer verlassen hat, fordert ihn auf zu schweigen. Er erklärt sich sogar bereit, für ein Photo zu posieren. Nachdem die Presseleute und die anderen Güllener den Laden verlassen haben, kommt es zu einem Gespräch zwischen Ill und dem Lehrer. Der Lehrer bekennt, dass auch er das Gefühl habe, zum Mörder zu werden, und spricht offen aus, dass die Güllener Ill töten wollen. Mit eine weiteren Flasche Schnaps, die er anschreiben lässt, geht der Lehrer aus dem Laden.
Der Bürgermeister erscheint. Er will Ill dazu überreden, sich selbst zu töten, doch Ill lehnt ab. Er sagt, das er sich dem Urteil der Güllener unterwerfe werde, die Güllener selbst ihn aber richten müssten. Er werde nicht protestieren und sich wehren, wenn sie ihn töteten.
Mit der Familie bricht Ill zu einer Spazierfahrt mit dem neuen Wagen auf, den der Sohn angeschafft hat. Ill und seine Familie trennen sich am Ende der Fahrt. Während Ill sich auf den Weg zur Gemeindeversammlung macht, geht die Familie ins Kino.
Es kommt zu einem letzten Gespräch zwischen Ill und Claire Zachanassian im Konradsweilerwald. Noch einmal rufen sie sich die alten Zeiten in Erinnerung; Ill fragt nach dem Schicksal des gemeinsamen Kindes und äußert, dass er heute sein sinnloses Leben beenden werde. Claire erinnert ihn noch einmal an seinen Verrat und offenbart ihm, dass sie den Traum von der gemeinsamen Liebe nie vergessen habe und diesen Traum wieder errichten wolle, indem sie ihn töten lasse, um dann seine Leiche in einem für ihn gebauten Mausoleum auf Capri aufzubahren.
Der Bürgermeister heißt bei der Versammlung im Theatersaal die Gemeinde willkommen und benennt als Tagesordnungspunkt das Milliardengeschenk der Claire Zachanassian. In einer Rede trägt der Lehrer nun vor, warum es die moralische Pflicht der Güllener ist, die Bedingungen der Claire

Zachanassian für die Stiftung anzunehmen. Der Lehrer beruft sich auf Werte wie Freiheit, Gerechtigkeit, Humanität und Nächstenliebe. Die Versammlung reagiert mit tosendem Beifall. Ill wird vom Bürgermeister gefragt, ob er die Bedingungen für die Stiftung akzeptiere. Ill antwortet mit „Ja".

Es kommt zu einem liturgischen Wechselgespräch zwischen dem Bürgermeister und der Gemeinde, in dem noch einmal von Freiheit, Gerechtigkeitsliebe und Gewissensnot die Rede ist und an dessen Ende Ill ein „Mein Gott" ausruft. Die Abstimmung, bei der alle Güllener die Hände heben, soll wiederholt werden, weil die Beleuchtung der Kameras ausgefallen ist. Erneut kommt es zum Wechselgespräch zwischen dem Bürgermeister und der Gemeinde, erneut erheben alle ihre Hände, aber jetzt bleibt Ill stumm. Die Presse wird aufgefordert, den Saal zu verlassen. Der Saal wird verdunkelt. Ill erbittet sich eine Zigarette, der Pfarrer verspricht ihm, für ihn zu beten, Ill aber fordert ihn auf, für Güllen zu beten. Er steht auf, tritt seine Zigarette aus, geht durch die Gasse, die die Güllener gebildet haben und die sich hinter ihm schließt und zu einem Menschenknäuel mit Ill in der Mitte wird.

Es wird wieder hell, die Presseleute erscheinen, Ill liegt tot am Boden, und der Arzt diagnostiziert einen Herzschlag aus Freude.

Der tote Ill wird Claire Zachanassian auf einer Bahre gebracht; sie blickt in sein Gesicht und überreicht dem Bürgermeister den Scheck.

In einem Schlusschor sprechen die Güllener über den Schrecken der Armut, preisen ihren neuen Wohlstand und hoffen auf dessen Beständigkeit. Claire Zachanassian, Ill im Sarg bei sich führend, verlässt die Stadt.

2.3 Aufbau

2.3.1 Zeit, Ort, Kompositionsstruktur

Verweise auf die 50er Jahre

Bereits an anderer Stelle des Bandes (siehe 2.1.1) ist darauf hingewiesen worden, dass das Stück auf die Zeit seiner Entstehung in den 50er Jahren verweist und die wirtschaftliche Entwicklung dieser Dekade (Aufschwung) ins Stück geholt wird. *Der Besuch der alten Dame* vollzieht sich in eine Periode des Umbruchs, einer Entwicklung einer agrarisch geprägten Naturlandschaft zum städtischen Raum:

> *„Drückten die immer besseren Kleider den anwachsenden Wohlstand aus, diskret, unaufdringlich, doch immer weniger zu übersehen, wurde der Bühnenraum stets appetitlicher, veränderte er sich, stieg er in seiner sozialen Stufenleiter, als siedelte man von einem Armeleutequartier unmerklich in eine moderne, wohlsituierte Stadt über (...). Die einst graue Welt hat etwas Blitzblankes"* (S. 131 f.)

Medien

Das Stück enthält zahlreiche Hinweise auf die (historische) Zeit. So sind die Medienvertreter Presseleute (Zeitungen), Radioreporter und ein Kameramann der „Filmwochenschau", die in Kinos der 50er Jahre (vor dem eigentlichen Spielfilm) gezeigt wurde. Das Fernsehen hat seinen Siegeszug noch nicht angetreten (in der Bundesrepublik begannen im November 1950 die ersten Versuchssendungen an lediglich drei Wochentagen).[30] Aber einen Fernsehapparat, als Zeichen der kommenden Zeit, schafft sich die Güllener Familie Stocker bereits an (siehe II. Akt).

---

30 Der Radioreporter erwähnt die „Kollegen vom Fernsehen", als Figuren tauchen sie jedoch nicht auf (vergl. S. 119)

Zahlreiche Produkte finden im Stück Erwähnung, die für die 50er Jahre als typisch gelten können: man trinkt Steinhäger, leistet sich bessere Zigarren (wie der Bürgermeister), schafft sich einen „Opel Olympia" an (die Adam Opel AG hatte bis Ende 1951 bereits mehr als 250 000 Wagen in Nachbarländer wie die Schweiz exportiert; der „Opel Olympia" wurde bis 1957 produziert) oder einen „Messerschmitt" (einen dreirädrigen Kabinenroller) und kauft sich (die damals noch recht teure) Schokolade. Die Menschen werden aufgrund des wirtschaftlichen Aufschwungs zu Konsumenten, Mangel und Not der Nachkriegszeit geraten allmählich in Vergessenheit. Auch über die Erwähnung von Personen der Zeitgeschichte werden die 50er Jahre ins Stück geholt. So bekommt Claire Zachanassian z. B. Post von „Ike", also dem amerikanischen Präsidenten Dwight D. Eisenhower, und „Nehru" (indischer Premierminister).

Bürger als Konsumenten

Historische Persönlichkeiten

Das Geschehen (der Zeitablauf auf der Ebene der Handlung) umgreift einen grösseren Zeitraum, der nicht genau bestimmbar ist. Zwischen dem Beginn des ersten Aktes und dem Ende des Stücks müssen mehrere Monate liegen, in denen das heruntergekommene Örtchen samt seinem „verwahrlosten" Bahnhof sich in die „blitzblanke" Stadt mit ihrem „renovierten" Bahnhof verwandelt hat. Der Fluss der Zeit wird also über Veränderungen des Raums veranschaulicht; die Veränderungen des Raums wiederum versinnbildlichen zugleich die Veränderung der Menschen (die Güllener als Wohlstandsbürger). Die Zeit, die die Veränderung in Anspruch nimmt, ist bis zur Tötung Ills auch eine Zeit des „Wartens" (Claire Zachanassian: *Ich warte*). Claire

Die Veränderung des Raumes symbolisiert den Fluss der Zeit

Zachanassian hat Zeit; einzelne Tage spielen keine Rolle, werden aber durch die Wiederholung von Ritualen bzw. den Verweis auf sie diffus angesprochen (Ill: Kränze/Der Sohn: Jeden Morgen bringen sie die vom Bahnhof).

Die Handlung umspannt einen größeren Zeitraum/Erinnerungen rufen die Vorgeschichte auf

Über die **Figurenrede** wird in Form von **Erzählung** und **Erinnerung** die Vorgeschichte des Spielgeschehens zeitlich greifbar. Sie führt uns an den Anfang des 20. Jahrhunderts zurück (siehe hierzu aber ausführlich 1.2).

Zum Ort

Handlungsort ist GÜLLEN, ganz offensichtlich in der Schweiz – zwischen Kaffigen und Kalberstadt – (vergl. S.14) gelegen, was aber letztlich ohne Belang ist, denn der Ort könnte überall in Europa liegen. An die Schweiz gebunden ist er lediglich durch seinen Namen, denn Gülle ist nichts anderes als der schweizerische Ausdruck für Jauche. Ein sprechender Name also, der das *materielle Elend*, das zu Beginn des Stückes herrscht, zum Ausdruck bringt. Dürrenmatt schreibt in den „Randnotizen" für das Programmheft der Uraufführung (Schaupielhaus Zürich, 1955) über Güllen und seine Bürger: „Der Name der Stadt soll auf Begehren der stimmfähigen Bürger in Gülden umgewandelt werden."(S. 139). Zu Wohlstand gekommen, wollen sie also Gülle (Jauche) umwandeln in Gülden (Golden), was den materiellen Wohlstand zum Ausdruck bringt, den *moralischen Verfall* in der Namensgebung zugleich kaschierend überglänzt.

Ein sprechender Name: materielles Elend und moralischer Verfall

Ort als Modell

Güllen muss nicht als realer Ort, sondern als **Modell** gesehen werden, ähnlich dem Ort *Andorra* in Frischs gleichnamigem Drama. Gerade weil Güllen im geografischen Abseits liegt, im Nirgendwo

fern der Metropolen und einer scheinbar idyllischen Landschaft, eignet es sich als Modell für eine Entwicklung, in der Modernismus, neue Architektur, Wohlstand und Aufschwung einher gehen mit moralischem Verfall, der Umkehrung sittlicher Werte (Mord wird als Gerechtigkeit gehandelt) und Bigotterie. Der Handlungsort wird somit zum Symbolraum einer Entwicklung, die Dürrenmatt – mit beißendem Sarkasmus – als „Welt-Happy-End" bezeichnet (S. 132).

Ort als Symbolraum

Nicht ohne Grund beginnt und endet das Stück am Bahnhof (siehe auch Kapitel 1 dieses Bandes). Der Bahnhof (verlottert am Anfang/renoviert am Ende) stellt die Verbindung zur Welt her. Bahnhöfe, architektonisch gesehen sind sie die Kathedralen des 20. Jahrhunderts, haben eine metaphorische Qualität. Sie lassen uns ankommen und abreisen, sie sind Drehscheiben und Durchgangsstationen des Transitorischen, das das moderne Leben kennzeichnet. Und am Bahnhof des Ortes Güllen, den gepackten Koffer schon in der Hand, begreift Ill seine Lage, obwohl (besser: gerade weil) kein Güllener ihn **offen** bedroht, sondern er zum Einsteigen aufgefordert wird (siehe S. 84).

Der Bahnhof

Im Zusammenhang mit der metaphorischen Qualität von Handlungsorten muss auch auf den „Goldenen Apostel" verwiesen werden, in dem Claire Zachanassian residiert. Dieser Name ist mehrfach kodiert. Apostel sind die Jünger Jesu und somit die Verkünder der Versöhnungsbotschaft des Neuen Testaments. Diese Versöhnungsbotschaft wird aber durch Claire Zachanassian zurückgenommen, denn sie erinnert eher an den (oft) zornigen und strafenden Gott des Alten Testamentes. Zugleich aber ist es der milliardenschwere Ort, von dem aus sich das verlotterte Güllen zum renovierten Gül-

Hotel „Goldener Apostel"
Mehrfachkodierung

den (Golden) entwickeln wird. Der Name des Hotels umfasst somit kontrastiv den moralischen Verfall und die damit einhergehende wirtschaftliche Hochkonjunktur. Claire Zachanassian wird nicht in einem Zimmer des Hotels gezeigt (Innenraum), sondern auf dem Balkon des Hotels (II. Akt). Sie ist dadurch öffentlich präsent, blickt von oben auf das parallele Geschehen in Ills Krämerladen, scheint dort Hof zu halten. Das Gefälle von oben nach unten (Balkon/Krämerladen) spiegelt die Machtverhältnisse wider; während Claire Zachanassian in Ruhe abwartet, werden die Güllener zu Konsumenten auf Pump – oder – anders gesagt – tanzen sie um das Goldene Kalb. Dass Dürrenmatt hier, so ganz nebenbei, die berühmteste Balkonszene der Weltliteratur parodistisch verfremdet, sei nur am Rande erwähnt (seine „Julia" ist aus Prothesen zusammengesetzt, sein „Romeo" ist ein schmieriger Krämer, bei ihrer letzten Begegnung rauchen sie Zigaretten der Marke „Romeo et Juliette", siehe S. 114).

Balkonszenen

Im Hotel findet auch jene Versammlung statt, in der die Güllener über den Tod Ills abstimmen und ihn ermorden. Der Ort ist der „Theatersaal" des Gasthofes. Und tatsächlich spielen die Güllener – vor den Augen der Weltöffentlichkeit – Theater; die Gemeinde inszeniert eine Schmierenkomödie, deren Ausgang (die Tötung eines Menschen) umgedeutet wird („Tod aus Freude", S. 130). Die Versammlung hält sich an die Rituale der Gemeindeversammlungen (schweizerisch „Landsgemeinden") in der Tradition der oft gerühmten „direkten Demokratie" Schweizer Kantone, macht aber aus der demokratischen Abstimmung eine Farce, weil das Ergebnis der Versammlung von vornherein

Der Theatersaal

Die Bühne als Mittel der Desillusionierung

fest steht (vielleicht auch ein Seitenhieb Dürrenmatts auf die politische Wirklichkeit seiner Heimat). Die Inszenierung wird als Inszenierung auf groteske Weise transparent gemacht, als die Abstimmung wiederholt werden muss, weil eine Kamera gestreikt hat (vergl. S. 125). Diese Versammlung ist ein Spiel im Spiel, Theater im Theater, und steht im Kontext des Bühnenraums, der insgesamt desillusionierend gestaltet ist (Umbauten bei offenem Vorhang). Diese Desillusionierungsstrategie findet ihren sinnfälligsten Ausdruck darin, dass Naturelemente (Wald, Vögel etc.) durch Figuren simuliert werden – deutliche Anleihen bei Mitteln der Verfremdung des „nicht-aristotelischen Theaters" von Bertolt Brecht oder des absurden Theaters sind unverkennbar. Es geht nicht um Einfühlung, sondern um kritische Distanz.

Handlung und Kompositionsstruktur

Ist der Bühnenraum „nicht-aristotelisch angelegt, so rollt die Handlung auf der Ebene der Kompositionsstruktur nach klassischem Muster ab und enthält Exposition, Peripetie und Katastrophe. Der I. Akt erfüllt die Funktion einer **Exposition** (Einführung in die Situation, Hauptfiguren), wobei wesentliche Handlungsvorausssetzungen erst später ins Stück geholt werden (siehe 2.1.3 Stichwort: analytisches Drama).[31] Ans Ende des I. Aktes ist das **erregende (steigernde) Moment** gelegt, das Angebot Claire Zachanassians (Reaktion der Güllener zunächst: Totenstille, siehe S. 45) und seine Zurückweisung durch den Bürgermeister.

Exposition und erregendes Moment

Das Spannungsmoment der steigenden Handlung im I. Akt kommt durch den letzten Satz zum Tragen, als Claire

31 Die Schilderung der Situation Güllens in den ersten Szenen weist Parallelen zur Situation Thebens in *König Ödipus* auf; die Klagen der Bürger haben ihre Entsprechung im Klagelied des Chores beim Einzug (Parodos).

Zachanassian sagt: „**Ich warte**." (S. 50) Im Verlaufe des II. Aktes wird deutlich, dass die Ablehnung des Angebotes immer brüchiger wird: Die Güllener werden zu Konsumenten auf Pump, Claire Zachanassian wartet, Ill fühlt sich zusehends isoliert, seine Furcht wächst. Sein Tod wird symbolisch vorweggenommen (Tötung des Panthers). Auf die Szene, in der Ill Claire Zachanassian mit dem Gewehr bedroht und die damit endet, dass sie ins Zimmer geht, um „eine Milliarde zu transferieren" (S. 77), folgt an der Schnittstelle zwischen dem II. und III. Akt die **Peripetie** (das Umschlagen, die Wendung) mit dem Einsetzen der fallenden Handlung. Ill steigt nicht in den Zug und erkennt (letzter Satz des II. Akts): „**Ich bin verloren**." (S. 85) Ills Gefühl erweist sich als richtig, denn zu Beginn des III. Aktes scheitert der (zaghafte) Vermittlungsversuch des Lehrers und des Arztes; Claire Zachanassian enthüllt ihren Plan (Aufkauf und Ruinierung des Ortes).

Peripetie

Ill nimmt seine Schuld an, will nicht mehr um sein Leben kämpfen (siehe S. 102), lehnt die Aufforderung zum Selbstmord ab und verliert seine Furcht (siehe S. 108 f.), nimmt Abschied von der Familie (siehe S. 112). Das Stück läuft nun auf die **Katastrophe** zu, wobei der Szene zwischen Ill und Claire im Konradsweiler Wald (siehe S. 113–118) die Funktion eines **retardierenden Moments** zukommt (die Katastrophe wird hinaus gezögert). Ill wird getötet, der Bürgermeister meldet Vollzug, Claire Zachanassians letzter Satz lautet: „**Der Check**." (S. 131)

Retardierendes Moment und Katastrophe

Die drei (im Fettdruck hervorgehobenen) Sätze markieren, jeweils ans Ende eines Aktes gesetzt, den Spannungsbogen des Dramas in Kurzform.

2.3.2 Zum inneren Aufbau des Dramas: Kontraste, Paradoxien, groteske Elemente, Motive, Symbole, Requisiten und Themen

Im Zusammenhang mit der Kompositionsstruktur des Dramas, seiner formalen Gliederung in Akte und Szenen sowie der Funktion, die sie im Gesamtgefüge erfüllen, sind die Gestaltungsmittel zu betrachten, derer sich Dürrenmatt für den inneren Aufbau des Dramas bedient und die aus Platzgründen lediglich anhand weniger Beispiele erläutert werden sollen.

Kontraste

Zum Arsenal seiner dramaturgischen Technik gehört der **Aufbau von Kontrasten** auf verschiedenen Ebenen. Einen Kontrast bildet der verlotterte Bahnhof am Anfang mit dem renovierten Bahnhof am Ende. Das Schmuddelige dieses Ortes am Beginn steht dem Blitzblanken gegenüber. Die Bürger sind zunächst „schäbig gekleidet" (S. 16), am Schluss sind sie herausgeputzt (Abendkleider und Fräcke, S. 132). Ein Kontrast besteht zwischen dem eigentlichen Auftrag der Presse (Öffentlichtkeit herstellen und Wahrheit verbreiten) und der Funktion, die sie für die Güllener einnimmt (Verschleiern der Wahrheit). Einen Kontrast bilden die vom Lehrer auf der Gemeindeversammlung deklamatorisch in Anspruch genommenen Werte und Ideale des Abendlandes (siehe S. 121) und das tatsächliche Verhalten der Güllener.

Paradoxien

Wie in anderen Stücken Dürrenmatts, so lassen sich auch in *Der Besuch der alten Dame* **Paradoxien** finden, also **scheinbar widersinnige** Aussagen oder Verhaltensweisen und Handlungen der Figuren, die aber auf eine höhere Wahrheit hinweisen. Dass ein Milliardär, der alte Zachanassian, sich ausgerechnet in die 17-jährige Hure Klara verliebt, weil den „goldenen Maikäfer

ihre roten Haare" anlocken (siehe S. 37) mag paradox erscheinen. Paradox ist es ebenfalls, dass die Züge, die an Güllen vorbei rauschen, exakt die Zeit einhalten, kein Güllener aber mehr im Besitz einer Uhr ist (siehe S. 18). Paradox (hart an der Grenze zum kalauernden Wortspiel allerdings) ist der Umstand, dass die ehemalige Klassenkameradin von Alfred Ill und Klara Wäscher und „Klassenerste" ausgerechnet „Annettchen Dummermuth" heißt (S. 41). Solche Paradoxien sind mehr als spielerische Einfälle des Autors Dürrenmatt, der durch die Schule des Kabaretts gegangen ist. Sie erschüttern unseren Glauben an Logik und Vernunft und zeigen uns die Welt als eine Welt von Irrationalitäten. In engem Zusammenhang damit sind die Elemente des **Grotesken** zu sehen.

Elemente des Grotesken

Dürrenmatt selbst kennzeichnet Claire Zachanassian als groteske Gestalt („Dame von Welt, mit einer seltsamen Grazie, trotz allem Grotesken", S. 22). Claire Zachanassian, die unsterblich zu sein scheint (einen Autounfall und einen Flugzeugabsturz hat sie überlebt), kommt als wandelndes Ersatzteillager daher, fast nur noch, wie sie selbst sagt, aus Prothesen bestehend. Daraus abgeleitet ergibt sich manche groteske Situation, so etwa wenn Ill Claire auf den Schenkel schlägt, seine Hand schmerzhaft zurückzieht und die Erklärung bekommt: „Du hast auf ein Scharnier meiner Prothese geschlagen." (S. 39) Grotesk ist die Simulation von Natur durch Güllener Bürger, die sich in Bäume verwandeln, grotesk ist das Gefolge der Zachanassian schon in der Namensgebung (Toby, Roby, Koby, Loby) und in der Kennzeichnung als „Kaugummi kauende Monstren" und „blinde Eunuchen", grotesk ist die Aufforderung Claires an Gatte VII, fester nachzudenken (siehe S. 27), und grotesk ist die Wiederholung der Abstimmung, weil eine Kamera ausgefallen ist. Im Grotesken,

das Gegensätze und Unvereinbares vereinigt (Komisches und Grausames, Heiteres und Bedrohliches, Närrisches und Sinnhaftes), offenbart sich ein Blick auf die Welt, der uns ihre Unordnung zeigt, der uns das Unfassbare erfassen lässt und uns dadurch verunsichern kann und verunsichern soll. Die Paradoxien und grotesken Elemente in Dürrenmatts „tragischer Komödie" sind deshalb mehr als Theatermittel, die uns zum Lachen bringen sollen. Sie tragen in der Dramaturgie auch dazu bei, uns der „Wirklichkeit auszusetzen", indem sie zu einer (vielleicht) heilsamen Verunsicherung führen.[32]

Motive

Als weiteres wesentliches Gestaltungsmittel sind ***Motive*** zu nennen, die teilweise zu ***Motivkomplexen*** verklammert sind. In Motiven wird ein Thema (ein Stoff) sinnfällig veranschaulicht. Motive greifen Grunderfahrungen und als bedeutsam empfundene Situationen des Lebens auf. Zu diesen literarischen Grundelementen in *Der Besuch der alten Dame* sind u. a. zu zählen:

Tod

Das Todesmotiv → Bereits der Sarg, den Claire Zachanassian mit sich führt, spielt darauf an; die Bonmots Claires nennt Ill „zum Totlachen" (S. 43), der Turner wird von Claire Zachanassian gefragt, ob er schon einmal jemanden erwürgt habe (S. 41), und der Arzt muss sich fragen lassen, ob er Totenscheine ausstelle (S. 30). Als Claire Zachanassian ihre Bedingung stellt, herrscht „Totenstille" (S. 45 und abermals S. 49). Passend zum Sarg werden Kränze und Blumen („wie zu einer Beerdigung", S. 51) über die Bühne getragen.

32 Im „Punkt 21 zu den Physikern" heißt es: „Die Dramatik kann den Zuschauer überlisten, sich der Wirklichkeit auszusetzen, aber nicht zwingen, ihr standzuhalten oder sie gar zu bewältigen." (*Die Physiker*, S. 93)

Konsum

Das Konsummotiv → Die Bürger Güllens werden zu Konsumenten; sie kaufen – eine Steigerung ist unverkennbar – Lebensmittel (Milch etwa), vermehrt Genussmittel (Tabak, Alkohol), technisches Gerät und Luxusgüter (Waschmaschine, Fernseher, Autos), nehmen gehobene Dienstleistungen in Anspruch (Sprachkurse und Tennisunterricht). Besonders hervorzuheben ist die Kleidung, die zur Ver-Kleidung, zur Maskerade wird. Denn unter der Maske der Wohlanständigkeit, die die neuen Kleider zeichenhaft signalisieren, wächst dumpf-brodelnd die Bereitschaft zum Mord, weil der Konsum nur durch diesen Akt der Gewalt finanziert werden kann. Der *kollektive Prozess* der Ent-Menschlichung und Ent-Individualisierung findet seinen Ausdruck in den *gelben Schuhen*, die die Güllener nach und nach alle tragen (Gelb auch als Farbe des Verrats); was an der Oberfläche (unterschiedliche Kleidung) als Differenzierung erscheint, wird durch die gleichen gelben Schuhe in seiner Scheinhaftigkeit entlarvt. Das sich zum Falschen hin verändernde Bewusstsein der Güllener wird durch das Symbol der Schuhe sozusagen vom Kopf auf die Füße gestellt. Die Schuhe stehen zeichenhaft für das schleichende Gift (gelb) der Korruption und Korrumpierbarkeit der Güllener und machen die von ihnen gegenüber Ill ins Feld geführten Gründe für den Konsum als das sichtbar, was sie sind: Phrasen, Ausflüchte, Lügen.

Ein Konsumartikel als Zeichen: die gelben Schuhe

Liebe

Das Liebesmotiv → Es taucht im Kontext von Erinnerung, Verrat und Entfremdung auf und ist an die beiden Hauptfiguren gebunden und zumeist ins Groteske getrieben; in allen drei Akten gibt es einen Szene mit Ill und Claire, in der die Sprache auf ihre

einstige Liebe kommt. So im I. Akt, wenn sie sich ihre Kosenamen in Erinnerung rufen, im II. Akt, wenn Claire eine Episode aus ihrer gemeinsamen Vergangenheit erzählt, und natürlich im III. Akt, beim letzten Gespräch. Aber diese Erinnerungen sind überschattet vom Verrat Ills an Claire und vom Scheitern der Liebe, die Ill wegen schnöder materieller Vorteile aufgegeben hat. Liebe existiert nur als Entfremdung – und zwar als Entfremdung von sich selbst und dem anderen. Claire Zachanassians Verschleiß an Männern (eine Umkehrung der in den 50er Jahren typischen Rollenmuster) ist nichts anderes als ein Ausdruck dieser Entfremdung. Für Claire sind diese Männner Spielzeug, austauschbare Teile ihres Inventars, Gebrauchsgegenstände, Dekoration – nicht aber Partner in einer Liebesbeziehung, weil sie selbst liebesunfähig (geworden) ist. Ills Zweckgemeinschaft mit seiner Familie ist nichts anderes als die Kehrseite dieser Medaille.

Symbole

Symbole → zumeist Dinge oder Lebewesen, sind Elemente bildhaften Sprechens; sie versinnbildlichen etwas Allgemeines und entfalten im konkreten Zusammenhang ein komplexes Bedeutungsgefüge.

Der schwarze Panther

An erster Stelle ist der **schwarze Panther** zu nennen, den Claire Zachanassian mit sich führt. Er symbolisiert, ganz allgemein, Kraft, Stärke, Eleganz und – auf der Ebene der Beziehung zwischen Ill und Claire in ihrer Jugendzeit – wohl auch den Sexualtrieb, dem sie in der Natur freien Lauf gelassen haben (siehe z. B. Ills Äusserungen auf S. 39).

„Schwarzer Panther" ist der Kosename, den Claire Ill einst gab, wohl weil er stark und mutig war und um sie wie ein Panther gegen einen Rivalen gekämpft hat (siehe S. 117). Der Panther der Zachanassian steckt im Käfig, wie Ill jetzt Gefan-

gener seines Spießerlebens ist (er ist fett, grau und versoffen geworden, S. 26). Der Ausbruchsversuch des Tieres scheitert, wie auch Ills Ausbruchsversuch am Bahnhof scheitert. Als die Jagd auf den Panther beginnt, ist Ill schon längst zum Abschuss frei gegeben. Der schwarze Panther wird vor dem Laden Ills erschossen, der Tod des Tieres symbolisiert in der Vorwegnahme den späteren Tod Ills, der aber nach seinem Tod für Claire wieder der „schwarze Panther" ist (siehe S. 131). Zugleich steht der Panther symbolisch aber auch dafür, dass in der Welt des Technischen und Modernen kein Raum mehr ist für Natur und Ursprünglichkeit. Natur (der Panther) ist nur noch als zoologische Rarität in Gefangenschaft denkbar. Das einzige „natürliche" Wesen wird ausgelöscht, ansonsten existiert Natur (Wald, Bäume, Vögel) nur noch als „künstliche" Natur, als Simulation (von den Güllenern dargestellt).

Zigarren

Dass Claire Zachanassian **Zigarren** raucht, hat ebenfalls symbolische Funktion, nicht nur, weil der Zigarre überhaupt eine Funktion als Phallussymbol zugesprochen werden kann, sondern weil Claires Zigarren „Männernamen" tragen: Henry Clay, Winston. Wie sie ihre Ehemänner wechselt (sie ausprobiert), so probiert sie auch die Zigarrenmarken aus. Wie sich die Zigarren nach kurzer Zeit in Rauch aufgelöst haben, so verschwinden auch die Ehemänner im Nichts der Bedeutungslosigkeit. Sie werden lediglich verbraucht, nicht aber gebraucht. In Rauch aufgelöst hat sich auch die Liebe zwischen Claire und Ill. Darüber kann auch nicht hinweg täuschen, dass sie, wie einst in ihrer Jugendzeit, bei ihrer letzten Begegnung noch einmal Zigaretten rauchen, die „Romeo und Juliette" heißen.

Ein weiteres Symbol stellt die **Glocke** dar (bzw. der von ihr erzeugte Ton). Die „Feuerglocke" („Die ist noch nicht ver-

Glocke und Glockenklang

setzt.“, S. 16) läutet, so als ob Gefahr im Verzuge wäre, während die Güllener am Bahnhof auf Claire Zachanassian warten. Und tatsächlich ist ja Gefahr im Verzuge, nur die Güllener (besonders Ill) wissen es noch nicht. Zur Feuerglocke kommt (im II.Akt) eine weitere Glocke hinzu, vom Pfarrer angeschafft und in ihrer Bedeutung als „Glocke des Verrats“ benannt (S. 76). Dieser Glockenton signalisiert nicht nur den Verrat an Ill; er läutet die neue Zeit ein, die in Güllen begonnen hat, und ist zugleich ein akustisches Menetekel für eine Gemeinde, die von Gott verlassen ist („Der hat uns vergessen“, sagt der Maler zu Beginn; S. 18), weil sie den Glauben längst aufgegeben hat. Als Ill im Sarg hinausgetragen wird und der Milliarden-Scheck den Besitzer wechselt (siehe S. 131), läutet deshalb die Glocke nicht.

Auf weitere Elemente mit symbolischer Bedeutung soll hier nur hingewiesen werden (auf eine Erläuterung wird aus Platzgründen verzichtet):

- → der Wechsel von Licht- und Wetterverhältnissen;
- → das Fehlen von Uhren;
- → die symbolische Funktion von Plakaten (etwa am Bahnhof);
- → die symbolische Funktion von Farben (Claires rote Haare, ihr roter Unterrock, der schwarze Sarg, der schwarze Panther, Claires goldener Humor, das blaue Meer);
- → die Namen der Züge („Rasender Roland“, „Gudrun“, dann aber auch „Börsianer“ und „Diplomat“)
- → die Türklingel/Glocke in Ills Laden.

Requisiten

Weiter oben ist bereits auf den desillusionierenden Charakter der Bühne hingewiesen worden (siehe **2.3.1**). Auf dieser Bühne aber tauchen Gegenstände (Requisiten) auf, von denen einige in anderen Zusammenhängen bereits erwähnt worden sind: Lebens- und

Genussmittel, technische Geräte, Kränze und Blumen, ein Sarg, Kleidung. Etliche weitere könnten genannt werden, so z. B. die Kisten und Kästen Claire Zachanassians und die Ausrüstungen ihrer Begleiter (etwa die Anglerausrüstung). Hervorgehoben werden sollen hier aber nur die Gewehre, mit denen sich die Güllener ausstatten, und das Schlachtbeil, das „Der Erste" in Ills Laden ersteht (S. 92). Sie stehen in engem Zusammenhang mit dem Todesmotiv und bauen eine Kulisse der Bedrohung auf, der Ill ausgesetzt ist. Über diese konkrete Bedeutung hinaus haben sie, wie die Requisiten überhaupt, eine generelle Zeichenfunktion, über die Werner Fritzen schreibt:

Zeichenfunktion der Requisiten

> *„Die entstofflichte Bühne lässt den wenigen verbleibenden Requisiten besonderes Gewicht als Bedeutungsträger zukommen. Sie fungieren als Zeichen der Entfremdung der Figuren, die mit ihnen umgehen. Das Ding wird selbst zum Handlungsträger, weil die Handelnden verdinglicht sind."*[33]

Die Requisiten, Symbole, Motive und Motivstränge entfalten ein Verweisungsgeflecht, bauen ein System komplexer Bezüge auf, in deren Mitte die **Themen** des Stücks stehen, die ihrerseits miteinander verflochten sind. Als große Themenkreise sind zu nennen: Der Themenkreis „Recht-Gerechtigkeit-Rache", das Thema „Scheitern der humanistischen Bildung und der demokratischen Werte" und das Thema „Glauben und Glaubensverlust".[34]

Themen

---

33 Werner Fritzen, S. 68

34 Aspekte dieser Themen sind bereits in anderen Zusammenhängen, z. B. im Zusammenhang mit den Figuren, dem Ort und der Zeit, behandelt worden, so dass hier nur ein Abhandlung in kompakter Form und mit der Absicht der Bündelung erfolgt. Als weiterer Themenkreis könnten „Kapitalismus und Kapitalismuskritik" benannt werden. In der Literaturwissenschaft und Literaturkritik der ehemaligen DDR hat diese Thematik im Zusammenhang mit dem Stück natürlich besondere Beachtung erfahren. Facetten dieses Themas werden am Rande mit behandelt.

Gerechtigkeit – Rache – verletzte Liebe

Das Thema „Gerechtigkeit" wird durch Ill eingeführt, wenn er zu anderen Wartenden auf dem Bahnhof sagt: „Klara liebte die Gerechtigkeit." (S. 19) Und an den **Begriff Gerechtigkeit** knüpft Claire Zachanassian auch ihre Milliarde: „Ich gebe euch eine Milliarde und kaufe mir dafür Gerechtigkeit." (S. 45) Auf den Einwand des Bürgermeisters, Gerechtigkeit könne man nicht kaufen, kontert Claire Zachanassin lapidar: „Man kann alles kaufen." (ebenda). Relativ schnell wird deutlich, dass Claire Zachanassian Recht hat: wie für die Güllener plötzlich wieder **alles käuflich ist** (käuflich zu erwerben, wenn auch auf Kredit), so stellt sich bald heraus, dass auch sie **alle käuflich sind.** Es geht also überhaupt nicht um Gerechtigkeit, wobei dann eher von Recht zu sprechen wäre oder von Rechtssicherheit. Ill wird ja noch nicht einmal wirklich der Prozess gemacht, sondern **mit ihm wird (kurzer) Prozess gemacht.**[35]

> *„Die Güllener reagieren nicht auf die einstige Untat Ills, sondern auf das Angebot der Claire. Sie handeln nur, um die von ihr gestellte Bedingung zu erfüllen. Man kann sagen: sie erbringen die Tötung Ills wie in einem Werkvertrag."*[36]

Der Begriff der „Rache" ist eher angebracht – doch selbst diese Rache ist ins Groteske übersteigert, denn um sie ins Werk zu setzen, wird zunächst ein ganzes Dorf ruiniert, um es dadurch „käuflich" zu machen. Ein Killer hätte den Fall preiswerter gelöst! Viel zu viel Aufwand, so scheint es, für einen einzigen Mann. Aber eben für **den** einzigen Mann, auf den es Claire offensichtlich ankommt und immer angekommen ist. Lässt

35 Die „Gerichtsverhandlung" im I. Akt (S. 45 ff.), geführt vom ehemaligen Oberrichter Hofer und jetzigen Butler der Zachanassian, ist nichts anderes als eine Farce auf einen Gerichtsprozess, wenngleich Ill sich auf der Ebene juristischer Argumentation bewegt, indem er auf die Anschuldigungen vorbringt, alles sei längst verjährt (S. 48).

36 Schmidhäuser, S. 201

man also die juristische (straf- oder zivilrechtliche) Seite, kurz: Gesetzbücher und Paragraphen, unberücksichtigt, dann bleibt die zwischenmenschliche Seite, die Wiederherstellung einer Ordnung, wenn auch erkauft durch den Tod. Ill erkennt diesen Aspekt wohl, wenn er sagt: „**Für mich ist es die Gerechtigkeit**, was es für euch ist, weiß ich nicht." (S. 109, Hervorhebung nicht im Original) Damit ist nicht Gerechtigkeit im juristischen Sinne gemeint (die nach mehr als 45 Jahren auch gar nicht mehr hergestellt werden könnte), sondern Ills Anerkenntnis der persönlichen Schuld und die Einsicht, dass er verantwortlich ist für die in Claire zerbrochene Liebe. Diese Liebe kann nicht wirklich wieder hergestellt werden, auch nicht durch seine Opfertat. Sie ist nur noch in ritueller Form möglich, aber immerhin in dieser: alle anderen (Ehe-)Männer schickt Claire, schon kurz nach der Hochzeit, wieder weg, tauscht sie aus. Ihn nimmt sie mit, wenn auch als Leiche, sozusagen konserviert für die Ewigkeit im Mausoleum. („Dort wirst du bleiben. Bei mir." S. 118)

Rechtssicherheit und Recht gehören zu den Säulen einer demokratisch verfassten und zivilen Gemeinde und Gesellschaft. Ebenso Pressefreiheit und parlamentarisch-demokratische Institutionen. Die Versammlung im Theatersaal des Hotels erschöpft sich jedoch in leeren Ritualen (Tagesordnung, Hochheben der Hände zur Abstimmung), stellt das Verfahren einer demokratischen Entscheidung auf den Kopf. Die Anwesenden sind nicht mehr frei in ihrer Entscheidung, sie haben sich längst entschieden. Und die Presse deckt nicht Wahrheit auf, sondern verschleiert sie, trägt zur Errichtung einer Scheinwelt bei, die allerdings für Wirklichkeit genommen wird. Da bei der Versammlung ein Gerichtsprozess lediglich simuliert und theatralisch inszeniert wird, handelt es

Verfall demokratischer Institutionen

sich um einen reinen **Schauprozess,** von der Struktur und Verfahrensweise (nicht vom Vokabular her) mit Anklängen an Prozesse dieser Art zur Zeit des Nationalsozialismus oder Stalinismus.

Verlust von humanistischen Idealen und Werten

Die Schwungkraft des ökonomischen Rades, das in Güllen nach dem Angebot Claire Zachanassians ins Rollen gekommen ist, ist von solcher Wucht, dass darunter nicht nur die demokratischen Institutionen (Justiz, Parlament, Presse) zermalmt werden, sondern sämtliche humanistischen Ideale. Auf (im wirklichen Sinne des Wortes) brutalste Weise scheint der Satz von Marx bestätigt zu werden: „Das Sein bestimmt das Bewusstsein" oder seine prägnante Verkürzung durch Brecht: „Erst kommt das Fressen, dann die Moral". Die humanistischen Werte, die Werte des Abendlandes, die Bildungsgüter und die Berufung auf die Antike werden von den Güllenern für die Gemeinde reklamiert; vor allem der Lehrer und der Bürgermeister tragen die Begriffe und die Verweise auf diese Tradition wie eine Monstranz vor sich her. Aber die humanen Ideale werden abgelegt, wie die Güllener ihre alten Kleider ablegen und durch neue ersetzen. Die Berufung darauf folgt nur noch funktionalen Gesichtspunkten. Im Gespräch mit Ill verweist der Bürgermeister auf die kulturellen Werte, um Ill in Sicherheit zu wiegen: „Sie vergessen, daß Sie sich in Güllen befinden. In einer Stadt mit humanistischer Tradition. Goethe hat hier übernachtet. Brahms ein Quartett komponiert. Diese Werte verpflichten." (S. 69) Bei der Versammlung im Theatersaal werden sie – als Gipfel der Pervertierung – ins Feld geführt, um den Mord an Ill zu rechtfertigen, wenn der Lehrer sich hier auf die „Ideale (...), die den Wert unseres Abendlandes ausmachen" beruft (S. 121) und

Funktionalisierung und Pervertierung der Ideale

der Bürgermeister von den „heiligsten Gütern" spricht (S. 125). Heilig sind den Güllenern nur noch ihre Konsumgüter, und verpflichtet ist man in Güllen nur noch dem Wert des Geldes. Die humanistische Ethik ist längst ausverkauft.

Versagen des christlichen Glaubens

Vor der Sogwirkung des Geldes versagt auch der christliche Glaube, der durch den Pfarrer repräsentiert und durch zahlreiche Verweise in den Text geholt wird (Hotel zum Goldenen Apostel, Plakat: Besucht die Passionsspiele in Oberammergau, das Münsterportal mit dem Jüngsten Gericht). Der Pfarrer sagt zu Ill im II. Akt: „Flieh, führe uns nicht in Versuchung, indem du bleibst." S. 76). Die Güllener sind aber der Versuchung bereits erlegen, sie sind längst keine Christen mehr, sondern nur noch Käufer von Waren. Bevor sie am Ende gegen das Gebot „Du sollst nicht töten" verstoßen, haben sie bereits gegen ein anderes, nämlich das erste Gebot verstoßen: „Du sollst keine anderen Götter haben neben mir." Dieser andere Gott ist der Mammon, der auf die Bürger Güllens eine nahezu magisch-hypnotische Wirkung ausübt und sie in eine Art Kaufrausch versetzt. Gebete werden durch Kaufakte ersetzt, Glauben durch Geld, Gottesdienst durch Götzendienst. Die Menschen erliegen dem „Fetischcharakter der Ware".[37] Für Gott ist in dieser Welt kein Platz mehr, er hat längst ausgedient – aus einem ganz einfachen Grund: Gott „zahlt nicht" (siehe S. 18). Gott ist in der Güllener Welt nur noch in der Negation vorhanden, was aber zugleich bedeutet, dass der gottesferne Endzustand des Güllener Wohlstandsparadieses nichts anderes ist als eine luxuriöse Hölle.[38]

Kaufakte als Götzendienst

37 Ein Begriff von Karl Marx; siehe Marx, *Das Kapital. Kritik der politischen Ökonomie.* Erster Band, (Dietz Verlag) Berlin 1969, S. 85 ff.

38 vergl. Durzak, S. 98

Kritik – aber ohne Alternative

Aus der Behandlung der genannten Themen im Stück darf nun nicht die Schlussfolgerung gezogen werden, Dürrenmatt lehne humanistische Werte, Gerechtigkeit, demokratische Institutionen, klassische Ideale oder die christliche Religon in Bausch und Bogen ab. Ganz im Gegenteil. Dürrenmatt kritisiert vielmehr die Inanspruchnahme dieser Werte und Ideale als Rechtfertigungsfiguren, er kritisiert ihren Missbrauch, ihre Aushöhlung und Pervertierung. Er zeigt den Gegensatz von Schein und Sein, von Ausdruck und wirklichem Inhalt – ohne allerdings Alternativen anbieten zu können oder zu wollen!

2.3.3 Das Chorlied

Das Chorlied als Schlusspunkt

Das „Chorlied" ist in mehrfacher Hinsicht von Bedeutung. Es steht am Schluss des Dramas. Wir sehen das Kollektiv der Güllener ein letztes Mal, wieder am Bahnhof wie zu Beginn. Aber wir sehen andere Güllener (innerlich und äusserlich verändert), wie wir ja auch einen anderen Bahnhof sehen. Ein letztes Mal sehen wir auch Claire Zachanassian, jetzt aber stumm, ohne Text, ein „altes Götzenbild aus Stein" und „unbeweglich" (S. 134). Ihr Abgang ist ruhig, nahezu verlangsamt, ganz anders als der dröhnend-dramatische Auftritt im I. Akt.

Das Chorlied fasst die Entwicklung Güllens zusammen

Das „Chorlied" spiegelt – sozusagen in Kurzform – den ökonomischen Aufstieg der Güllener wider: sind sie zunächst arm, so werden sie durch einen besonderen Umstand, nämlich das Milliardenangebot Claires, im Chorlied als „freundliches Geschick" bezeichnet, in die Lage versetzt, ihre Armut zu überwinden. Konsum und Aufsschwung sind die Folgen. Und wie die Figuren des Dramas im Laufe der Handlung den Preis

für diese Entwicklung ausblenden, so ist auch in der schönen Warenwelt des Chorliedes davon nichts zu hören.

Das Chorlied als Element und Höhepunkt der Verweise auf die Antike

Mit dem „Chorlied" werden zugleich Elemente der Gattung Lyrik, die auch zuvor schon Verwendung im Drama gefunden haben, noch einmal in konzentrierter Form in das Stück integriert (chorisches Sprechen, Rhythmisierung, Vers, strophische Gliederung). Und das Chorlied setzt den Schlussakkord im Zusammenhang mit den vielfältigen Textverweisen, Anspielungen und Andeutungen auf das Theater und die Mythen der Antike: der Aufbau der Komödie in Anlehnung an das sophokleische Ödipus-Drama, (siehe 2.1 und 2.3.1), die Bezeichnungen des Lehrers für Claire Zachanassian (Parze, griechische Schicksalsgöttin, Klotho, Lais, Heldin der Antike, Medea; siehe S. 34, 90), der direkte Hinweis auf das Ödipus-Drama (S. 99) sowie die Bezüge zur antiken Philosophie, ebenfalls durch den Lehrer hergestellt („Denn ich bin ein Humanist, ein Freund der alten Griechen, ein Bewunderer Platos.", S. 99). Das „Chorlied" stellt einen weiteren und ganz direkten Bezug zum antiken Drama her, nämlich dem ersten „Standlied" des Chores aus dem Drama *Antigone* von Sophokles (497/6 – 406/5 v. Chr.), dessen Eingangszeilen lauten:

Der Bezugspunkt: 1. Stasimon (Standlied) aus der *Antigone* des Sophokles

„Ungeheuer ist viel, doch nichts
Ungeheurer als der Mensch.
Durch die grauliche Meeresflut,
Bei dem tobenden Sturm von Süd,
Umtost von brechenden Wogen,
So fährt er seinen Weg.

Der Götter Ursprung, Mutter Erde,
Schwindet, ermüdet nicht. Er mit den pflügenden,
Schollenaufwerfenden Rossen die Jahre durch
Müht sie ab, da Feld bestellend."[39]

Das Chorlied bei Sophokles und Dürrenmatt – ein Vergleich

Schon ein Vergleich der ersten Zeilen macht die inhaltlichen Unterschiede (bei Beibehaltung der Form) deutlich: Sophokles zeigt den Menschen als Bezwinger der Elemente, der in die natürliche Ordnung eingreift, sich die Natur unterwirft und sie kultiviert, er ist „ungeheurer" als alles andere. Der Chor der Güllener führt als ungeheuerlichstes Element, noch über den Naturelementen und der Entfesselung der gewaltigen Kräfte der Atombombe, eine soziale Kategorie ein, die Armut. Dem tätig-schaffenden Menschen bei Sophokles wird ein dumpf-apathischer Mensch gegenüber gestellt (Hilflosigkeit, Siechtum, Verrat).

Sophokles: Doppelnatur des Menschen und Götterrecht

Sophokles konkretisiert in der 2. Strophe anhand etlicher Beispiele, wie der Mensch die Natur zähmt (Jagd auf Vögel und Fische, Einsatz von Pferden und Stieren als Nutztiere). Dem steht bei Dürrenmatt das „freundliche Geschick" gegenüber (gemeint ist die „Schenkung" der Milliarde, abermals also eine Umdeutung der Wirklichkeit). Aus dieser „Gunst der Stunde" entspringen dann Tätigkeiten, die entweder banalen Charakters sind („Es steuert der Bursch den sportlichen Wagen") oder von Maßlosigkeit zeugen („Schätze auf Schätze türmt der emsige Industrielle/Rembrandt auf Rubens"), wobei die rhythmisiert-pathetische Sprache, wie im gesamten Chorlied, stets in deutlichem Kontrast zu den profanen Inhalten

39 Sophokles, *Antigone*, S. 13

des Gesagten steht. Dadurch wird das, was die Güllener sagen, in seiner Hohlheit deutlich und als Anmaßung erkennbar.

Die dritte sophokleische Strophe thematisiert die kulturellen Leistungen des Menschen wie Sprache, Gesetze, Wohnungsbau, Medizin, zeigt aber auch die Grenzen des Menschen auf: vor dem Tod kann der Mensch nicht fliehen. In der vierten Strophe wird bei Sophokles die Doppelnatur des Menschen angesprochen: „Bald zum Bösen und wieder zum Guten treibt ´s ihn." (*Antigone*, Vers 367, S.14) Und der Chor preist denjenigen als seinen Freund, der „Landesart und Götterrecht" achtet; wer aber aus „Frevelmut" handelt, wird verurteilt.[40]

Dürrenmatt: die Abschaffung Gottes

Hält Sophokles in der dritten Strophe einen Hinweis auf die Begrenztheit des Menschen bereit (Tod) und fordert (in der vierten Strophe) die Achtung von staatlichem und göttlichem Recht, so spielt Gott im Chor der Güllener nur noch die Rolle desjenigen, der den Wohlstand bewahren soll, damit die Bürger Güllens ihr „Glück glücklich genießen können" (S. 134). Gott wird zum ideellen Kassenwart von Geschäften und Schachereien degradiert und zum Schutzpatron der Warenwelt ausgerufen.

Fehlendes Wertesystem der Güllener

Recht und Gesetz haben in diesem Schlusschor noch nicht einmal mehr als Vokabeln Platz, geschweige denn, dass sie im

40 Für eine ausführliche Betrachtung des „Standliedes" im Kontext des Dramas von Sophokles ist hier kein Platz. Deshalb nur folgende Hinweise: Sophokles Drama stellt Antigone und Kreon gegenüber, der verfügt hat, dass Polyneikes, einer der beiden Brüder Antigones, nicht begraben werden darf. Dieser Anordnung Kreons widersetzt sich Antigone mit Berufung darauf, dass göttliches Recht höher zu achten sei als von Menschen gemachtes Recht. Daraus entsteht der Konflikt. Was der Chor hier noch nicht einzuschätzen vermag, ist die Rolle Kreons. Dessen Hybris erkennt der Chor erst später. Die Worte des Chores in der vierten Strophe richten sich gegen den (noch) unbekannten Täter, der Polyneikes – entgegen der Anordnung Kreons – bestattet hat. Erst nach dieser Chorpassage wird Antigone von Wächtern vor Kreon gebracht und bekennt sich als Täterin.

Bewusstsein der Güllener überhaupt noch eine Bedeutung hätten. Ein gemeinsames Wertesystem, zu dem in der Antike auch der Glaube an die Götter und die Lehren aus den in den Mythen geronnenen Erfahrungen zu zählen sind, existiert, ganz anders als in der antiken Polis, der Gemeinde des griechischen Stadtstaates, in Güllen (das nur ein Modell für die Welt ist) nicht mehr; insofern gibt es auch keine Läuterung (keine Katharsis), sondern nur eine Umwertung der Werte und einen Triumph des Geldes. Mit der Vernichtung Ills sind gleichzeitig alle moralischen Maßstäbe, alle Normen und Werte vernichtet worden. Diese Unterschiede werden besonders deutlich, wenn man auch noch die Schlusszeilen des *Antigone*-Dramas berücksichtigt. Dort sagt der Chor:

Die Schlusszeilen in der *Antigone*: Warnung vor der Hybris

„Von allen Glücksgaben ist Einsicht ins Recht
Die erste. Nie darf gegen Gottesgebot
Man freveln. Es tilgt sich vermessenes Wort
In unermesslichem Schicksalsschlag
Und lehrt im Alter noch Einsicht."[41]

Als höchste Glücksgabe wird die Einsicht in das Recht genannt! Genau diese Einsicht haben die Güllener nicht, denn sie käme einem Schuldeingeständnis gleich. Ihre Glücksgaben sind ausschließlich profaner Natur (Waren und Dienstleistungen)! Die Gebote Gottes sind außer Kraft gesetzt! Und eine Hoffnung, dass die Güllener zur Einsicht, also zur Sicht in sich hinein und damit zur Anerkenntnis ihrer Schuld kommen könnten, besteht wohl nicht.
Dürrenmatt selbst bezeichnet das Chorlied als „Standortbestimmung, als gäbe ein havariertes Schiff, weit abgetrieben,

41 Sophokles, *Antigone*, S. 40

die letzten Signale" (S. 132).[42] Dies könnte auch bedeuten, dass das Chorlied, um im Bild von der Schiffshavarie zu bleiben und gegen den Strich gelesen, auch ein letztes S.O.S. ist, ein Notruf (des Autors?), der sich an das Publikum richtet, das Dürrenmatt in den „Randnotizen" unter dem Stichwort „Positives" anspricht: „Positives verlangt der Theaterbesucher gleich ins Haus geliefert. Ist jedoch bei einigem Nachdenken in jedem Stück zu finden."(S. 140) Das Positive, also eine Antwort auf die Frage, wie denn die Welt besser zu gestalten sei, verweigert der Autor. Er zeigt die Welt, so wie er sie sieht. Er zeigt eine Negativfolie, das, was zu verneinen ist. Das Positive, das aus dem Stück zu ziehen ist, wäre dann die Negation der Negation durch das Publikum.

42 Siehe in diesem Zusammenhang auch die „Randnotizen" Dürrenmatts zu den Stichworten Chor, Komödie, Sophokles und Tragödie (S. 137–140)

2.4 Personenkonstellation und Charakteristiken

Das Personenverzeichnis teilt die Figuren in vier Gruppen auf, nämlich „Die Besucher", „Die Besuchten", Die Sonstigen" und „Die Lästigen". Daraus ergibt sich eine Aufteilung in zwei Hauptgruppen, denn den Besuchten stehen kontrastiv die Besucher gegenüber, und zwei Nebengruppen. Diese Nebengruppen weisen eine Gemeinsamkeit auf: sie gehören nicht zur Gemeinde Güllen, wie der Zugführer, der Pfändungsbeamte und die Presseleute. Wenn Dürrenmatt die Presseleute dennoch gesondert als „Lästige" aufführt, kann daraus zugleich seine kritische Haltung gegenüber den Vertretern der Medienwelt abgelesen werden, die sich auch in den „Randnotizen" dokumentiert, wo er unter dem Stichwort „Reporter" schreibt: „Errichten neben der wirklichen Welt eine Phantomwelt. Heute werden die beiden Welten oft verwechselt." (S. 140).

Dieser formalen Einteilung steht im Zuge der Konfliktentwicklung allerdings eine andere gegenüber: Claire Zachanassian und Ill rücken als Figuren in den Mittelpunkt, und Ill, der zunächst zur Gruppe der „Besuchten" gehört, steht dieser Gruppe, der Gemeinde der Güllener, isoliert gegenüber.

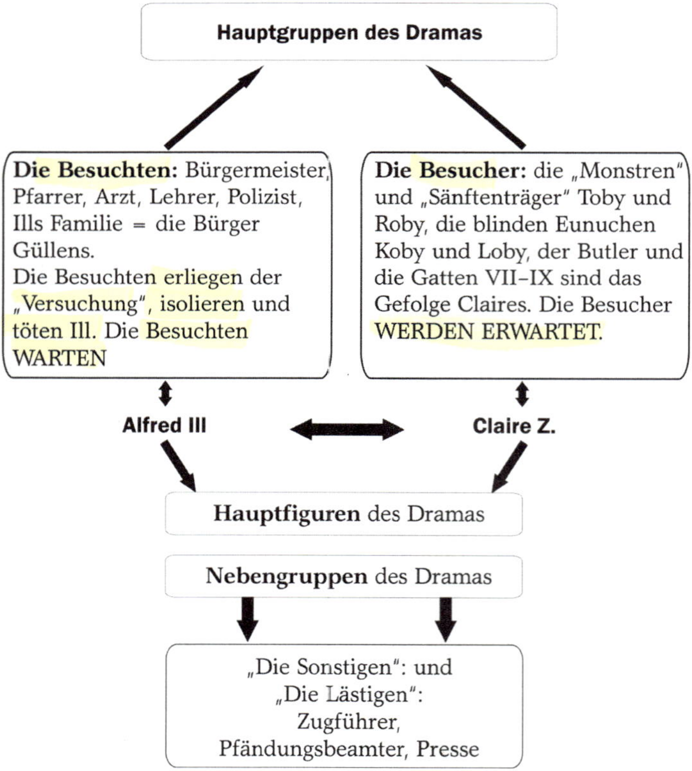

Die Gruppe der „Besucher" kann noch einmal unterteilt werden. Der „Butler" entpuppt sich als der ehemaliger Oberrichter Hofer aus Güllen und hat im Jahre 1910 die Vaterschafts-

klage Claire Zachanassians gegen Ill behandelt. Aufgrund der Falschaussage der von Ill bestochenen Zeugen Ja**kob** Hühnlein (aus ihm ist **Koby** geworden) und **L**udwig Sparr (**Loby**) hat er die Klage abgewiesen. Diese drei Figuren sind also direkt an der Vorgeschichte beteiligt. **Toby** und **Roby**, die beiden ehemaligen Gangster, sind **Werkzeuge** Claire Zachanassians (sie haben Koby und Loby kastriert und geblendet), die Ehemänner sind Spielzeuge Claire Zachanassians.
Eine Gemeinsamkeit der Männerfiguren besteht in der Anpassung der Namen (z. B. Gatte VIII – Hoby, Gatte VII – Moby), die sich nach dem Namen des Butlers richten (Boby). Zur Begründung führt Claire Zachanassian aus: „Komm, Moby, verneig dich. Eigentlich heißt er Pedro, doch macht sich Moby schöner. Es paßt auch besser zu Boby, wie der Kammerdiener heißt. Den hat man schließlich fürs Leben, da müssen sich dann die Gatten eben nach richten." (S. 26) Sind Koby und Loby tatsächlich kastriert, im sexuellen Sinne entmannt (sozusagen bestraft für eine Tat, den Sexualakt mit Claire nämlich, die sie vor Gericht nur **behauptet** haben; wie sie von Ill bestochen wurden, so wurden ihnen die Augen ausgestochen), so werden die anderen Männer im Gefolge der Zachanassian durch die Veränderung des Namens symbolisch entmannt und verstümmelt. Die Männer im Gefolge der Zachanassian sind alle von ihr gekauft worden, im wörtlichen Sinne, wie ihr erster Ehemann, der alte Zachanassian ihre Liebesdienste als Bordellhure zunächst erkauft hat.
Wie sie diese Männer gekauft hat, so kauft sie auch die Gemeinde Güllen, indem sie zunächst die Fabriken, Gebäude etc. kauft, um sich dann den Mord erkaufen zu können. So werden alle Güllener Werkzeuge Claire Zachanassians; die Mitglieder der Gemeinde werden zum Kollektiv der Täter und Konsumenten, Teil einer entindividualisierten Masse, in der

der Einzelne gesichtslos wird. Deshalb können die Bürger auch als „Der Erste", „Der Zweite" usw. bezeichnet werden, gleichzeitig die Rolle von Naturelementen spielen (Baum) oder zum Bürger „Hofbauer" werden, wie „Der Erste", der bei Ill ein Schlachtbeil ersteht (S. 92). Sie sind deshalb nicht als Charaktere ausgeformt, sondern als Träger eines deformierten Bewusstseins. Der Bürgermeister, der Lehrer, der Arzt und der Pfarrer artikulieren dieses Bewusstsein, bringen es zur Sprache. Lediglich diese Artikulation – und nicht eine andere Charakterzeichnung – unterscheidet sie vom Rest der Gemeinde. Auch die Güllener werden – im übertragenen Sinne – zu blinden und kastrierten Wesen.

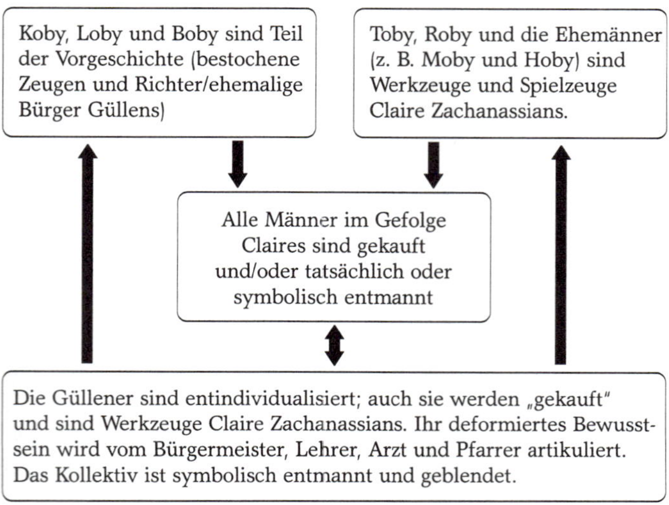

2.4.1 Ill

1. Akt: Ill, die „beliebteste Persönlichkeit"

Alfred Ill ist die einzige Figur des Dramas, die **dynamisch angelegt** ist, bei der sich also eine **Charakterentwicklung**, nämlich die zum mutigen Menschen, feststellen lässt. Ist er zu Beginn des Dramas noch Teil des Kollektivs (der Güllener), so gewinnt er im Verlaufe der Handlung Konturen, macht eine Wandlung durch und steht den anderen Figuren im **Kontrast** gegenüber.

Alfred Ill (im Englischen: ill = krank), sein Geburtsjahr gibt der Autor mit 1889 an (S. 139), ist zur Zeit der Handlung des Dramas rund 65 Jahre alt. Er führt einen Krämerladen (Kleinwarenladen), an den er durch die Heirat mit Mathilde Blumhard gekommen ist. Mathilde Blumhards Laden und Geldes wegen hat er Claire im Stich gelassen. Die gemeinsamen Kinder, ein Sohn und eine Tochter, sind zwischen 20 und 22 Jahren alt. Ill gilt als die „beliebteste Persönlichkeit" in Güllen und soll Nachfolger des Bürgermeisters werden (S. 20). Seine besondere Rolle zu Beginn des Dramas leitet sich für die Güllener aus seinem vormaligen Verhältnis zu Claire Zachanassian ab, was der Bürgermeister mit den Worten zum Ausdruck bringt: „Sie waren mit ihr befreundet, Ill, da hängt alles von ihnen ab." (S. 18) (Diese Aussage ist von hohem Wahrheitsgehalt, wird aber im Laufe des Stücks eine andere Bedeutung bekommen.) Ill fühlt sich in seiner Rolle zu Beginn sichtlich wohl, ist geschmeichelt von der Aufmerksamkeit, die ihm entgegengebracht wird, wird zugleich aber auch als Lügner gekennzeichnet, wenn er die Gründe für das Ende der Beziehung zu Claire, damals noch Klara, dem Pfarrer gegenüber völlig verzerrt darstellt (S. 18). Ill ist von sich überzeugt; trotz seines Alters hält er sich immer noch für einen

Ill – ein Lügner, Schmeichler und Opportunist

Charmeur und glaubt an seine Virilität, wenn er, zum Lehrer sprechend, mit Blick auf Claire Zachanassian die sexuell konnotierte Formulierung benutzt: „Sehen Sie, Herr Lehrer, die habe ich im Sack."(S. 25) Sein übersteigertes Selbstwertgefühl zeigt sich auch darin, dass er behauptet, er sei immer noch Claires „schwarzer Panther"; zwar wird er von Claire auf den Boden Tatsachen geholt („Unsinn. Du bist fett geworden. Und grau und versoffen.", S. 26), doch hält er zunächst an der Linie, Claire mit falschen Schmeicheleien zu gewinnen, fest.
Beim Gespräch mit Claire im Konradsweilerwald (I. Akt) erweist sich Ill als feiger Opportunist. Er macht den Versuch, die Vergangenheit umzudeuten, indem er behauptet, er habe Claire verlassen, um ihrem Glück nicht im Wege zu sein. Unter Verweis auf seine Armut will er den Eindruck erwecken, sein damaliger „Verzicht" auf Claire sei ein Opfergang gewesen, der ihn in die Armut und das Unglück der Gegenwart geführt habe („Ich lebe in einer Hölle.", S. 38). Verstellung und Lüge erreichen den Gipfelpunkt in seiner Behauptung, er liebe Claire.
Als ihn die Vergangenheit einholt und der ehemalige Oberrichter Hofer ihn mit der Anklage Claires und den bestochenen Zeugen konfrontiert, wechselt Ill die Strategie. Er erkennt seine Schuld nicht an, sondern beruft sich (juristisch durchaus nicht verkehrt) darauf, dass alles längst verjährt sei (S. 48) und dass das Leben weiter gegangen sei (S. 49). Dass dieses Leben aber Claire in die Lage versetzt hat, ihre Forderung nach Tötung Ills überhaupt aufzustellen, erkennt er nicht. Die Ablehnung des Angebots der Milliarde durch den Bürgermeister verschafft ihm eine Atempause.
Ill muss bald erkennen, dass Zeit und Geld gegen ihn arbeiten. Zusehends wird er mit den Wareneinkäufen der Güllener konfrontiert, und zusehends gerät er in Isolation. Er merkt den

Stimmungsumschwung in Güllen; doch zu einer ernsthaften Auseinandersetzung mit sich selbst kommt er zunächst noch nicht. Das Vergangene behandelt er zu Beginn des II. Aktes noch auf der Ebene von Allgemeinplätzen („Ich bin ein alter Sünder, Hofbauer, wer ist dies nicht. Es war ein böser Jugendstreich ... ." S. 56). Mit zunehmender Verschuldung der Güllener (und damit wachender Notwendigkeit, das Angebot der Zachanassian anzunehmen), wächst der Druck auf Ill: der Bürgermeister erhebt moralische Vorwürfe und erklärt Ill, er könne nun doch nicht zum Nachfolger gewählt werden, der Pfarrer rät ihm, sich um die Unsterblichkeit seiner Seele zu kümmern, Ills Post wird nicht mehr weitergeleitet, der schwarze Panther wird vor seiner Ladentür erschossen, die Güllener sind bewaffnet.

II. Akt: Ills beginnende Isolation

Ill erkennt, dass man Jagd auf ihn macht, er erkennt die Deformierung des Bewusstseins der Güllener (die gelben Schuhe als Zeichen), er sieht, dass die Gemeinde der Magie der Waren erliegt (deshalb verprügelt er seine Kunden nicht, sondern bewirft sie mit Waren, den Objekten ihre Begierde, in denen sich zugleich auch ihre Bereitschaft zum Mord verstofflicht, siehe S. 60). Und zugleich entwickelt er ein authentisches Gefühl: die Furcht. Er offenbart sie dem Bürgermeister (S. 68) und dem Pfarrer (S. 73), und er offenbart sie, das Gewehr im Anschlag, Claire Zachanassian (S. 78). Von ihr an seine Liebe und seinen Verrat erinnert (siehe S. 79), lässt er das Gewehr wieder sinken. Schon kraftlos macht er sich auf den Weg zum Bahnhof, wo er, umringt von den Güllenern, zusammenbricht. Sein Satz „Ich bin verloren" (S. 85) signalisiert die einsetzende Wende. Er erkennt sich als Verlorener. Diese Erkenntnis geht einher mit der (aus religiösen Kontexten) bekannte Geste des Gesicht-Verhüllens, die zugleich eine

Einsetzender Erkenntnisprozess und Gefühl der Furcht

Anerkenntnis von Verlorenheit und Schuld enthüllt und Demut signalisiert. Die Entwicklung im II. Akt legt einen Vergleich mit Motiven aus dem „Buch Hiob" nahe.

Ills Verlorenheit

Im **Buch Hiob/19** findet sich in

Vers 12: „Vereint kommen seine (Gottes, Hinweis des Hrsg.) Kriegsscharen und haben ihren Weg gegen mich gebaut und sich um meine Hütte her gelagert." → Die Güllener, teilweise bewaffnet, umlagern Ills Laden; am Bahnhof bilden sie einen Kreis um ihn, belagern ihn.

Vers 13: „Er hat meine Brüder von mir entfernt, und meine Verwandten sind mir fremd geworden." → Ills Familie entfremdet sich von ihm, wird Teil der Güllener Konsumgesellschaft und setzt auf seine Ermordung.

Vers 14: „Meine Nächsten haben sich zurückgezogen, und meine Freunde haben mich vergessen." → Ill gerät gegenüber der Familie und den Güllenern in Isolation.

Anders als der alttestamentarische Hiob sieht sich Ill aber keiner göttlichen Instanz gegenüber, denn Güllen ist gottlos geworden; die Begrüßungsformel „Grüß Gott" (siehe z. B. S. 80) ist nur noch scheinheilige Floskel, Teil einer Verzerrung des Bewusstseins und einer Strategie des Heuchelns, die Güllener sind längst der Versuchung erlegen, und der Pfarrer hat mit seiner Aufforderung zur Flucht Ill sogar die Schuld an dieser Versuchung gegeben (siehe S. 76). Ill muss seinen Weg ohne Gott gehen.

Bei seinem ersten Auftritt im III. Akt ist er bereits ein Gewandelter; für mehrere Tage hat er sich in seinem Zimmer eingeschlossen; er erscheint in „alten zerschlissenen Kleidern" (S. 99) und stellt somit schon vom Erscheinungsbild her einen Kontrast zu den herausgeputzten Güllenern dar. Er bringt den Lehrer davon

III. Akt: Ills Wandlung

ab, gegenüber der Presse Andeutungen über das wahre Geschehen und die Hintergründe dafür zu machen, er verkauft seine Waren an seine späteren Mörder mit freundlichen Floskeln, er sagt dem Lehrer, dass er nicht mehr kämpfen wolle und fasst seine Selbsterkenntnis in die Worte: „ Ich bin schließlich schuld daran (...) Ich habe Klara zu dem gemacht, was sie ist, und mich zu dem, was ich bin, ein verschmierter windiger Krämer. Was soll ich tun, Lehrer von Güllen? Den Unschuldigen spielen? Alles ist meine Tat, die Eunuchen, der Butler, der Sarg, die Milliarde. Ich kann mir nicht mehr helfen und euch auch nicht mehr." (S. 102/3) Aus diesem Selbstverständnis heraus lehnt Ill es auch ab, den Güllenern den Mord zu ersparen (das ist die Hilfe, die der Bürgermeister von ihm erwartet, siehe S. 108). Die (simulierte) Autofahrt mit der Familie zeigt schon einen gelassenen Ill, der sein Leben noch einmal an sich vorbeiziehen lässt, das er im letzten Gespräch mit Claire als „sinnlos" bezeichnet (S. 117). In einem Moment der Wahrhaftigkeit stellt Ill mit einer sprachlichen Nuance eine Gemeinsamkeit mit Claire her und legt sein Bekenntnis ab, ohne den Begriff Schuld benutzen müssen: „Du hattest – ich meine, *wir* hatten ein Kind?"(S. 115, Hervorhebung nicht im Original)

In den Tod geht er ohne falschen Heroismus (er zögert, geht langsam, siehe S. 129), aber innerlich frei. Er ist der mutige Einzelne geworden, der die Ordnung der Welt zwar nicht insgesamt wiederherstellen kann, sondern die Ordnung der Welt in seiner Brust wiederherstellt. (vgl. Dürrenmatt, *Theaterprobleme*). Aber Ill gibt ein Beispiel für die Wiederherstellung der Ordnung.

Der mutige Mann
ohne falschen Heroismus

2.4.2 Claire Zachanassian

Claire Zachanassian macht im Stück keine Entwicklung durch, sie ist statisch angelegt. Sie wird lediglich zum „Götzenbild aus Stein", das „unbeweglich" ist (S. 134). Claire Zachanassians Entwicklung ist **vor Beginn der Bühnenhandlung abgeschlossen**.

Der Name und seine Bestandteile

Aus der einstigen Klara Wäscher (Klara = die Helle, Reine, aber auch Berühmte / Wäscher = einfache Herkunft, aber auch Bezug zum Waschen im Sinne von Reinigung, rein waschen) ist Claire Zachanassian geworden; der Nachname setzt sich laut Dürrenmatt (siehe S. 141) aus Bestandteilen der Namen **Zacha**roff (Munitionsfabrikant z. Zt. des I. Weltkrieges), **Onass**is (ein griechischer Großreeder) und Gulbek**ian** (ein Ölmilliardär aus Armenien) zusammen.

Rekonstruktion der Vorgeschichte: aus Klara Wäscher wird Claire Zachanassian

Claire Zachanassian wird 1892 in Güllen geboren (S. 141). Ihre Jugendliebe Alfred Ill schwängert sie (er ist 20, sie 17 Jahre alt), lässt sie dann aber im Stich. Im Winter 1909/10 verlässt sie Güllen hochschwanger und fährt nach Hamburg; die dort geborene Tochter (Genevieve) wird ihr von der Fürsorge weggenommen und stirbt im Alter von einem Jahr an Hirnhautentzündung. Die im Jahre 1910 angestrengte Vaterschaftsklage wird durch den Güllener Oberrichter Hofer abgewiesen (Falschaussagen der von Ill bestochenen Zeugen Hühnlein und Sparr). Klara/Claire wird Hure in eine Hamburger Bordell, wo sie den Milliardär Zachanassian kennen lernt, der sie heiratet und ihr bei seinem Tod (um 1928) drei Milliarden hinterlässt.

Vorbereitungen für eine Rache

Mit diesem Geld kann Claire Zachanassian nun ihren Plan in die

Tat umsetzen. Sie macht dem ehemaligen Oberrichter Hofer, inzwischen Richter am Kaffiger Appellationsgericht, ein so großzügiges Besoldungsangebot, dass er als Butler Boby in ihre Dienste tritt. Da nach einem Autounfall ihr linkes Bein amputiert wird und sie fortan eine Prothese tragen muss, kauft sie zwei zum Tode verurteilte Verbrecher, die in Sing-Sing einsitzen, frei (für je eine Million Dollar) und engagiert sie als Sänftenträger (Roby und Toby). Um das Jahr 1930 lässt Claire Zachanassian die beiden bestochenen Zeugen suchen (der eine lebt in Kanada, der andere in Australien). Durch Roby und Toby werden sie kastriert und geblendet und gehören fortan als Koby und Loby zum Gefolge der Zachanassian. Claire überlebt einen Flugzeugabsturz, der sie den rechten Arm kostet und durch eine Prothese aus Elfenbein ersetzt wird. Sie heiratet weitere sechs Mal (mit dem – noch – siebten Ehemann trifft sie in Güllen ein). Durch Mittelsmänner bringt sie Güllen in ihre Hand, indem sie die wirtschafliche Infrastruktur (Bockmann, Wagner-Werke etc.) aufkauft und ruiniert (Stilllegung der Werke und Fabriken). Gleichzeitig tritt sie in den Nachbargemeinden als Wohltäterin auf (Kinderkrippe, Gedächtniskirche) und vermittelt so, psychologisch geschickt, ein völlig falsches Bild von sich, denn die Güllener erwarten eine mildtätige und großherzige Spenderin. So sind die Voraussetzungen geschaffen, um den entscheidenden Teil ihres Plans umzusetzen, als sie in Güllen eintrifft.

Deus-ex-Machina-Motiv

Schon dieses Eintreffen ist eine großartige Inszenierung, die verdeutlicht, dass mit Claire jemand nach Güllen kommt, der mit den üblichen menschlichen Maßstäben nicht zu messen ist, denn die „Naturgesetze sind aufgehoben" (S. 21), weil der „Rasende Roland" in Güllen von ihr zum Halten gebracht wird. Dürrenmatt präsentiert mit diesem Auftritt in nahezu parodistischer

Verkehrung das „Deus-ex-Machina"-Element antiker Dramen (der „Gott aus der Maschine" ist eine mit technischen Mitteln der Bühnenmaschinerie auf die Bühne herabgelassene Gottheit, symbolisiert einen unerwarteten Helfer). Dürrenmatts Claire erscheint aber nicht, wie der antike Gott am Ende des Dramas, um den scheinbar unlöslichen Konflikt doch noch aufzulösen, sondern sie tritt zu Beginn auf und stellt eine Forderung, die die Güllener erst in einen Konflikt stürzt (Moral gegen Geld, eine Milliarde für einen Mord). Sie ist keine Göttin, sondern, wie sie selber sagt, „die Hölle" (S. 38). Aber zu dieser Hölle ist sie *geworden* (ebenda) – und die Güllener selbst haben einen (gemessen an Ill allerdings eher geringen und passiven) Anteil an diesem Werdegang, indem sie der schwangeren Jugendlichen (Klara) „nachgrinsten" (siehe S. 90) und das Fehlurteil (auf Grund der Falschaussagen) duldeten. Claires Rache richtet sich eben nicht direkt gegen die Stadt, sondern sie macht die Stadt zum Werkzeug ihrer Rache an Ill, nutzt die Verführbarkeit der Güllener aus, die die ehemalige Schuld Ills nun durch ihre eigene Verstrickung in Schuld aus der Vergangenheit in die Gegenwart verlängern.

Claire – die Hölle

Claire Zachanassian gehört die Welt, und sie macht diese Welt zu einem Bordell, in dem alles käuflich ist. Sie muss sich keine Menschlichkeit leisten, weil sie sich eine Weltordnung leisten kann (siehe S. 91).

Ihr (nahezu märchenhafter) Aufstieg von der Dorfschönheit aus einfachsten Verhältnissen zur reichsten Frau der Welt mit einem Bekanntenkreis, zu dem alle Reichen und Schönen gehören, ist so bizarr wie ihr Erscheinungsbild grotesk ist.[43] Ihre

43 Sieht man einmal davon ab, dass Claire ihren alten Zachanassian in einem Hamburger Bordell kennen lernt, so erinnert ihre Heirat mit Zachanassian an den Aufstieg der Begum Yvette Aga Khan (Aga Khan sagt sein Kommen zur Hochzeit Claires mit Gatte VIII zu, S. 72). Begum Yvette, gestorben am 1. 7. 2000, war die Schneiderin Yvette Blanche Labrousse, Tochter eines Straßenbahnschaffners und einer Schneiderin, und wurde 1944 die vierte Frau des sagenhaft reichen Fürsten Aga Khan.

Auftreten – Erscheinung – Sprache

Aussagen (auch die Selbstaussagen) sind direkt und offen, ihre Aussagesätze sind Setzungen, die keinen Widerspruch zulassen, ihre Sprache ist ökonomisch, ohne überflüssiges Vokabular und rhetorische Schaumschlägerei, ihre Sätze (oft elliptisch) wirken aber teilweise wie aus Fragmenten oder Bruchstücken zusammengesetzt – wie sie selber aus Prothesen zusammengesetzt ist.

Facetten der Figur

Ihre Rache ist maßlos und übersteigt jede Verhältnismäßigkeit. Deshalb wohl auch will Dürrenmatt sie nicht als Verkörperung der Gerechtigkeit gesehen haben, sondern als reichste Frau der Welt, die es sich leisten kann, grausam wie Medea zu sein (vergl. S. 142). Nun mag man aus der Gestaltung der Zachanassian-Figur allerlei, und übrigens nicht zu Unrecht, ableiten: natürlich hat sie für das Spielgeschehen die herausragende und herausgehobene dramaturgische Funktion (auch symbolisiert in den Parallelszenen auf dem Balkon und in Ills Laden, II. Akt), gerade weil sie warten kann, treibt sie das Geschehen voran. Da ihr die Welt gehört, sitzt sie auch über die Welt zu Gericht (für die Güllen nur ein modellhafter Ort oder eine soziale Situation ist). Sie ist Götzenbild und verzerrte Wiedergängerin antiker Erinnyen zugleich. All das macht sie übermenschlich und unmenschlich, lässt sie seelenlos und kalt erscheinen. Doch hat sie eine unter der Maske des Grotesken und Absoluten verborgene andere Seite, die der Lehrer in einem lichten Momente erkennt: „Frau Zachanassian! Sie sind ein verletztes liebendes Weib!" (S. 90) Diese Verletzung hat ihr Ill zugefügt, indem er ihre Liebe verraten hat; die Maßlosigkeit ihrer Rache mag als Anzeichen für das Maß an Verletzung und die Größe der Liebe gesehen werden. Bezeichnend ist, dass der Lehrer im Präsens spricht, die Liebe und die Verlet-

zung also nicht als etwas Vergangenes betrachtet. Und viele Textverweise deuten darauf hin, dass Claires Rachefeldzug nichts anderes ist als der Versuch, eine **verlorene Zeit zurückzuholen.** Deshalb lässt sie sich nach der Ankunft zunächst in die Petersche Scheune und den Konradsweilerwald tragen, an die „alten Liebesorte" (S. 31), um mit Ill zu sprechen und sich die Vergangenheit zu vergegenwärtigen („Auf diesem Findling küßten wir uns. Vor mehr als fünfundvierzig Jahren. Wir liebten uns unter diesen Sträuchern, unter dieser Buche, zwischen diesen Fliegenpilzen im Moos." (S. 37). Auch der Balkon, der Ort ihrer Residenz in der Gegenwart, ist nicht zufällig gewählt, sondern weckt Erinnerungen („Diese Erinnerungen. Ich war auch auf einem Balkon, damals, als wir uns zum ersten Male sahen (...). Und du standst da und du schautest hinauf zu mir, immerzu. Ich war verlegen und wußte nicht, was tun." (S. 78; siehe auch weiter auf S. 79). Beim letzten Gespräch mit Ill will sie folgerichtig von ihm wissen, wie sie damals war. Die Gegenwart spielt für einen Moment keine Rolle mehr. Die Zurückholung und die Veränderung der Vergangenheit ist aber nur um den Preis der Tötung Ills möglich, Claires Traum ist zur tödlichen Wirklichkeit geworden:

> *„Doch den Traum von Leben, von Liebe, von Vertrauen, diesen einst wirklichen Traum habe ich nicht vergessen. Ich will ihn wieder errichten mit meinen Milliarden, die Vergangenheit ändern, indem ich dich vernichte."* (S. 117)

Ein versteinerter Traum

Claire Zachanassian greift in das Schicksal der Menschen ein (Ill, Güllen), sie scheint die Instanz des Schicksals (Moira) zu verkörpern. Aber auch sie ist der Zeit (Chronos) unterworfen, ihre

Veränderung der Vergangenheit ist nur scheinhaft, auf der Ebene des Traums, möglich.[44] Eines Traums jedoch, der versteinert ist. Wie sie zum „Götzenbild aus Stein" wird (S. 134), so existiert Ill für sie nur als steinernes Monument, aufgebahrt im Mausoleum.

2.4.3 Lehrer/Pfarrer/Bürgermeister/Arzt

Der Lehrer, der Pfarrer, der Bürgermeister und der Arzt repräsentieren die Instanzen der Gemeinde; Bürgermeister und Arzt stehen für die politische und soziale Ordnung, der Pfarrer verkörpert den Ort als christliche Gemeinde, der Lehrer ist der Repräsentant der Bildung und der Kultur. An ihnen zeigt sich, stellvertretend für die gesamte Stadt Güllen, der Zusammenbruch der Instanzen, der Werte und des Ordnungsgefüges. Sie artikulieren diesen Zusammenbruch, sprechen das aus, was sich als dumpfer Prozess bei allen Güllenern vollzieht, nämlich die Transformation von Bürgern in Konsumenten und die Bereitschaft zum Mord: durch die Aufsplittung der Milliarde in 500 Millionen für die gesamte Gemeinde und 500 Millionen, verteilt auf die einzelnen Bürger, wird Güllen nicht nur als Gemeinwesen korrumpiert, sondern jeder Einzelne wird korrumpiert.

Bürgermeister

Die Zurückweisung des Vorschlags Claire Zachanassians durch den **Bürgermeister** (Ende des I. Aktes) erweist sich bald als hohle Phrase. Er äussert gegenüber Ill Schuldvorwürfe, teilt ihm mit, dass er natürlich nicht mehr sein Nachfolger werden könne, und versucht – mit schmierig-windiger Winkelrhetorik – Ill zum Selbstmord zu überreden. Als Symbol dafür, dass er

44 Die Zeit (Chronos) und das Schicksal (Moira) sind die beiden Instanzen, die der Prometheus Goethes als höhere Mächte anerkennt, wenn er, an Zeus gerichtet, sagt: „Hat nicht mich zum Manne geschmiedet/Die allmächtige Zeit/Und das ewige Schicksal/Meine Herrn und deine?" (Goethe, *Prometheus*, zit. nach: Gedichte aus sieben Jahrhunderten, Bamberg 1989, S.30)

sich bereits mit der Ermordung Ills einrichtet, stehen die Anschaffung der neuen (elektrischen) Schreibmaschine (Marke: Remington), der Bauplan für das neue Stadthaus und die teure Zigarre (eine blonde Pegasus), die er sich leistet (siehe S. 68–72). Der **Arzt** sucht gemeinsam mit dem Lehrer Claire Zachanassian auf, um ihr den Vorschlag zu unterbreiten, die Stadt ökonomisch zu sanieren (nicht wissend, dass der Ruin der Stadt ein Teil des Plans von Claire Zachanassian ist). Bei diesem Gespräch bestehen seine Redeanteile allerdings aus reinen Floskeln („Das ist doch ungeheuerlich", S. 90). Faktisch ist auch sein Bewusstsein bereits deformiert, er ist längst Konsument auf Pump geworden. Als Symbol steht dafür der neue Mercedes 300, mit dem er an Ill während dessen Ausfahrt mit der Familie vorbeirauscht (siehe S. 110). Der **Pfarrer**, der beim Betreten der Sakristei ein Gewehr umgehängt hat (!), bietet Ill keine Hilfe und keine Zuflucht an, sondern sieht die Qualen der Furcht, die Ill erleidet, als Läuterungsprozess. Die religiösen Floskeln, die er Ill serviert, sind nichts anderes als Teil einer Beschwichtigungsstrategie, denn auch der Pfarrer spekuliert auf Ills Tod (die neu angeschaffte Glocke ist das Dingsymbol dafür). Die Versuchung, die über der Stadt liegt, deutet er um. Nicht im Geld der Zachanassian sieht er die Versuchung, sondern in Ill – deshalb fordert er ihn zur Flucht auf. Allerdings führen seine Floskeln, sozusagen unter Hand, doch zu einem Ergebnis: „Der Grund unserer Furcht liegt in unserem Herzen, liegt in unserer Sünde: Wenn Sie dies erkennen, besiegen Sie, was Sie quält, erhalten Waffen, dies zu vermögen."(S. 74) Das Ergebnis liegt nicht in jenem halbherzigen Fluchtversuch Ills am Bahnhof, sondern darin, dass er beginnt, tatsächlich in sein Herz zu blicken und sein Gewissen zu durchforschen. Nicht in

Arzt

Pfarrer

der Flucht Ills liegt sein Mut, sondern im Standhalten. Der Pfarrer trägt, ohne dass er es eigentlich will, somit zur Wandlung Ills zum mutigen Menschen bei.

Der **Lehrer** spielt innerhalb der Gruppe der Repräsentanten eine Sonderrolle. Als Einziger spricht er unverklausuliert die Wahrheit aus: „Man wird Sie töten. Ich weiß es, von Anfang an (...)."(S. 103). Und der Lehrer verschanzt sich nicht hinter dem Kollektiv, was sich sprachlich im Gebrauch der Personalpronomen ausdrückt. Sagt der Pfarrer nämlich „**Wir** sind schwach (...)" (S. 75), so spricht der Lehrer, durchaus auch sensibel für den Deformationsprozess, der sich in ihm vollzieht: „Auch **ich** werde mitmachen. **Ich** fühle, wie **ich** langsam zum Mörder werde." (S. 103, Hervorhebung nicht im Original). Zugleich hat er den Weitblick dafür, dass das Verbrechen der Güllener nicht ungestraft bleiben wird: „Noch weiß ich, daß auch zu uns eines Tages eine alte Dame kommen wird, eines Tages, und daß dann mit uns geschehen wird, was nun mit Ihnen geschieht(...)." (ebenda) Sein Wissen und seine Ehrlichkeit ertränkt er allerdings im Alkohol.[45] Beim Schauprozess im Theatersaal ist es dann aber der Lehrer, der die Werte und Ideale (Freiheit, Gerechtigkeit, Humanität) in seiner Brandrede missbraucht, um den Mord an Ill zu legitimieren und ihm zugleich die Weihe eines Gnadenaktes zuzusprechen (siehe S. 121 f.) Seine Ehrlichkeit und Selbsterkenntnis verkehren sich damit in das genaue Gegenteil, der „Paulus" wird zum „Saulus" und führt die „Gruppe der Metzger" (Mörder) an.[46]

45 Auch in Max Frischs *Andorra* kommen dem Lehrer und dem Pfarrer besondere Rollen zu, worauf an dieser Stelle aber lediglich hingewiesen werden kann.

46 Siehe Frizen, S. 45

2.4.4 Ills Familie

Über Ills Familie erfahren wir relativ wenig; gegenüber Claire Zachanassian spricht er von der Hölle, in der er lebt, deutet an, dass er mit seiner Frau nicht glücklich ist, behauptet, seine Kinder hätten keine Ideale und die Familie hielte ihm täglich die Armut vor (siehe S. 38). Obwohl diese Äusserungen von Ills Interesse geleitet sind, durch die negative Schilderung seiner momentanen Situation sein Handeln in der Vergangenheit zu beschönigen und gleichzeitig Claires finanzielle Großzügigkeit zu stimulieren, können aus diesen Worten wohl die tatsächlichen Lebensumstände Ills abgelesen werden. Die Familienmitglieder sind nicht als individuelle Figuren gezeichnet, sondern eher konturlos; sie sind vielmehr Teil der Gesamtheit der Güllener – sie denken und verhalten sich wie alle anderen auch. Sie sind aber ein Demonstrationsobjekt dafür, dass die bürgerliche Familie keinen Schutz und Halt bieten kann angesichts einer Bedrohung, die durch die Macht des Geldes unterfüttert ist. Die Familienmitglieder haben alle, jedes auf seine Weise, Anteil am Konsumprozess, der die Güllener erfasst. Der Mann und Vater, dem die Armut bisher angelastet wurde, wird nun zur Belastung auf dem Weg zum Reichtum; seine Beseitigung ist deshalb auch für die Familie zwingend nötig. Die Famlie will von Ills Tod profitieren, an seiner Ermordung aber nicht teilhaben. Die Distanzierung von Mann und Vater paart sich mit Feigheit: während Ill – am Ende der Autofahrt – zu Fuß zur Gemeindeversammlung aufbricht, fährt die Familie mit dem neuen Wagen ins Kino nach Kalberstadt. Die Familienmitglieder überlassen Ill seinen Schlächtern in der Gewissheit, ihre Portion von seinem Fleisch zu bekommen. „Das „Auf bald! Auf bald", das Ills Frau ihm nach-

ruft, ist nichts anderes als ihr Nachruf auf einen Mann, der in den Tod geht (siehe S. 112).

2.4.5 Pressevertreter

„Wo ich heirate, ist immer die Presse dabei. Sie braucht mich, und ich brauche sie." (S. 72) Mit diesen Sätzen macht Claire Zachanassian die Mechanismen eines Pressewesens deutlich, das seine Funktion nicht in der Verbreitung von Wahrheit sieht, sondern in der Inszenierung von Wirklichkeit. Figuren wie Claire Zachanassian, die man ersetzen könnte durch Angehörige des Hochadels, des Geldadels oder des Show-Business, wobei die Grenzen zwischen diesen Gruppen fließend sind, sind die begehrten Objekte einer Sensationspresse (Regenbogenpresse oder Boulevardpresse), die das gesellschaftliche Leben personalisiert, das voyeuristische Interesse der Leserschaft bedient und die Bilder vom Leben mit diesem Leben verwechselt („Photograph: Die Zachanassian hat einen Neuen. Gehen im Konradsweilerwald spazieren (...) Das gibt ein Titelbild für ‚Life'." S. 101). Claire Zachanassian braucht die Presse, weil sie ihren Anteil an der Verschleierung und Umdeutung der Wahrheit hat (ein Mordtat wird verschleiert, eine Erpressung wird zu Wohltat) und als Vermittler der in Güllen aufgebauten Scheinwelt fungiert und funktioniert.
In *Der Besuch der alten Dame* hat die Presse ihre Wächterfunktion verloren, als Kontrollinstanz einer kritischen Gegenöffentlichkeit hat sie ausgespielt. Sie wird genau in jenem Moment von der Versammlung im Theatersaal ausgeschlossen, in der der kollektive Mord an Ill vollzogen wird. Die Formel vom „Tod aus Freude" wird als das genommen, was sie ist, als „schöne Geschichte", aber dabei mit Wahrheit verwechselt. In einer der makabren Szenen des Stücks verdeutlicht Dürren-

matt, wie die Inszenierung von Wirklichkeit funktioniert und wie der Manipulateur von Wirklichkeit zugleich Teil einer Manipulation ist. Ein Pressemann „arrangiert" Aufnahmen in Ills Laden und gibt Anweisungen, wie Ill das „Mordinstrument" (das Beil) mit „nachdenklichem Gesicht" über die Theke zum „Metzger" reichen soll (siehe S. 100). Nach dem Ende der Aufnahmen kommentiert der zweite Pressemann: „Gestorben." Dieser Begriff aus dem Fachjargon des Journalismus (er steht für den erfolgreichen Abschluss einer Aufnahme oder einer Serie von Aufnahmen) bezeichnet, ohne dass der Pressemann es weiß, die Wirklichkeit. Der Pressemann hat ein Mordinstrument abgelichtet, Ill steht wirklich einem seiner Metzger gegenüber, und Ill ist im Grunde genommen schon gestorben, ein lebender Toter. Aber die arrangierte Scheinwirklichkeit der Aufnahme wird als Wirklichkeit gesehen werden.

2.5 Sachliche und sprachliche Erläuterungen

Hinweis: In diesem Abschnitt werden nur solche Begriffe und Sachverhalte erläutert, die nicht ohne weiteres in einem Lexikon oder anderem Hilfsmittel (Microsoft Encarta) gefunden werden können. In einzelnen Kapiteln des Bandes werden weitere Wort- und Sacherklärungen an geeigneter Stelle gegeben.

Aga/Ali (S. 72)	Aga Khan III, Oberhaupt der schiitischen Ismailiten, sagenhaft reicher indischer Fürst; Ali: Name seines Sohnes/Mitglieder des sog. „Jetsets"
Amos (S. 128)	Prophet im Alten Testament; Amos predigt von der Gerechtigkeit Gottes und gegen die Sünden
Apellationsgericht (S. 46)	zweite gerichtliche Instanz in der Schweiz
Apotheose (S. 131)	Vergötterung, Verherrlichung
Bonmots (S. 41)	witzige Bemerkungen
Dupont (S. 63)	Chemiekonzern (USA)
Ecole des Beaux-Arts (S. 15)	Schule der schönen Künste/Kunsthochschule
Ernst ist das Leben, heiter die Kunst. (S. 119)	Zitat aus dem Prolog zu *Wallensteins Lager* von Schiller.
Erster Korinther dreizehn (S.87)	Erster Brief des Apostels Paulus an die christliche Gemeinde in Korinth, thematisiert u. a. die Liebe. In I/13 findet sich z. B.: „Die Liebe ist langmütig und freund-

	lich (...), sie lässt sich nicht erbittern, sie rechnet das Böse nicht zu (...). Die Liebe höret nimmer auf."
Eunuchen (S. 114)	Haremswächter (kastriert)
Ike (S. 62)	Spitzname für Dwight D. Eisenhower, Präsident der USA von 1953–1961
Klotho (S. 34)	eine der drei Moiren (spinnt den Lebensfaden)
Lais (S. 34)	Name zweier griech. Hetären, die wegen ihrer Schönheit berühmt waren
Lustige Witwe (S. 64)	„Die lustige Witwe": Titel einer Operette von Franz Lehár (1870–1948)
Medea (S. 90)	Figur der griech. Mythologie. Tötete, dem Mythos nach, ihren Mann Jason und ihre Kinder, als Jason ihr untreu wurde
Nehru (S. 62)	Premierminister Indiens von 1947–1964
Parzen/Moiren (S. 34)	Schicksalsgöttinnen in der röm./griech. Mythologie
Pascha (S. 61)	frühere Bezeichnung für einen hohen Staatsbeamten oder General in der Türkei
Riviera (S. 72)	Treffpunkt der „Schönen und Reichen" (Nizza, Cannes etc.)
Salonwagen (S. 134)	Komfortabler, hochwertig ausgestatteter Wagen eines Zuges

Schulrodel (S. 18)	Schulakten
Sigrist (S. 22)	Küster/Kirchendiener
Sing-Sing (S. 31)	Gefängnis für Schwerverbrecher im Staate New York
Traktandum (S. 120)	Tagesordnungspunkt, in der Debatte zu behandelnder Gegenstand

2.6 Stil und Sprache

In einer Komödie, in der die Figuren Werte umdeuten und missbrauchen, um ihr Handeln zu rechtfertigen, ist die Sprache das Werkzeug, um Wirklichkeit zu verschleiern und falsches Bewusstsein, aber auch Lüge und Verrat rhetorisch zu verkleiden. Die Sprache ist keine Sprache der Aufklärung, der Erhellung, sondern eine Sprache der Verdunkelung. Sprache wird zum Mittel der Täuschung: der Selbsttäuschung, der Täuschung der anderen – und auch der Täuschung des Publikums. Diese Funktionalisierung der Sprache herrscht in Güllen, noch bevor Claire Zachanassian eintrifft. Das wird deutlich, wenn der Bürgermeister für seine Empfangsrede die Biografie Claire Zachanassians umdeutet: aus einem Kartoffeldiebstahl wird „Sinn für Wohltätigkeit", die miserable Schülerin wird zum „Vorbild" erklärt, und das „stark beachtete Gebäude", das Claires Vater errichtet hat, ist nichts anderes als die Bahnhofstoilette (siehe S. 18 f. und S. 42–44).

Sprache als Mittel der Täuschung

Über Sprache wird, wie bei der Versammlung im Theatersaal, eine Scheinwelt durch die Dissonanz von Gesagtem und Gemeintem aufgebaut. Nur selten ist das, was in dieser Komödie gesagt wird, auch so gemeint, wie wir es verstehen (und zunächst verstehen sollen). Die Sprache ist Spielmaterial der Figuren und des Autors mit uns. Erst vom Ende des Dramas her erschließen sich manche **Doppeldeutigkeiten** und **Polysemien,** so dass die Begriffe einen anderen Sinn bekommen oder in ihrer eigentlichen Bedeutung erfasst werden können. Anders herum: die Sprache nimmt auch Ereignisse vorweg, die im Moment des Sprechaktes noch nicht – oder wenn, dann nur untergründig – im Bewusstsein der sprechen-

den Figur sind (siehe z. B. den Gebrauch des Wortes „todsicher" im Zusammenhang mit Ills Bedeutung für die Stadt, S. 57).

„Wahrhaftigkeit" der Sprache wird man am ehesten noch bei Claire Zachanassian finden, freilich gepaart mit Brutalität und Kaltschnäuzigkeit, so etwa bei der ersten Begegnung mit Ill, wenn er sagt, er sei immer noch der schwarze Panther, und Claire Zachanassian offen und direkt antwortet: „Unsinn. Du bist fett geworden. Grau und versoffen." (S. 26) Und auch die Lobhudeleien des Bürgermeisters stellt sie ohne Umschweife richtig: „(...) und die Kartoffeln für die Witwe Boll habe ich gestohlen, gemeinsam mit Ill, nicht um die alte Kupplerin vor dem Hungertode zu bewahren, sondern um mit Ill einmal in einem Bett zu liegen (...). " (S. 44)

Formen des Dialogs

Auf der Ebene der Dialogstrukturen kann man drei Hauptformen unterscheiden: das Aneinander-Vorbei-Reden (v. a. zwischen Ill und den Güllenern, weil hier Gesagtes und Gemeintes nicht übereinstimmen); das Miteinander-Reden (diese Form tritt im Gespräch zwischen Ill und Claire auf, nachdem Ill seine Wandlung vollzogen hat); das „Neben-einander-Sprechen" (zwischen den Güllenern). Diese Form ist „elliptisch auf das Minimum des Satzgerüstes reduziert. (...)Ein Stichwort ergibt eine Kettenreaktion von gleichstimmigen Assoziationen (...) Deshalb sagen die Figuren nicht nur dasselbe, sondern setzen den Sprechtext der anderen auch syntaktisch fort."[47] Obwohl mehrere Figuren sprechen, treten diese nahezu wie ein Sprecher auf. Dazu ein kleines Beispiel aus dem ersten Akt:

---

47 Frizen, S. 88

„Der Zweite: Der Pfändungsbeamte.
Der Dritte: Geht das Stadthaus pfänden.
Der Vierte: Politisch sind wir ruiniert." (S. 15)

Hier wird deutlich, wie „Der Dritte" den vom „Zweiten" begonnenen Satz syntaktisch vervollständigt; zugleich taucht das Wort „pfänden" in Verdoppelung einmal als Verb und als Bestandteil des Kompositums „Pfändungsbeamter" auf; der „Vierte" bringt durch seinen Satz im Grunde den gleichen Sachverhalt zum Ausdruck (Pfändung = Ruin). Hier gibt es keine Bewegung in der Sprache, kein Widersprechen und keinen Widerspruch, weil ihr „das Bewegende der Dialektik ausgetrieben ist."[48] Die Güllener bewegen sich in einem Sprachraum und damit auch in einem Denkraum. Es ist deshalb nicht verwunderlich, dass sie dem Angebot Claire Zachanassians (letztlich) keinen Widerspruch und erst recht keinen Widerstand entgegensetzen. Die Uniformität des Sprechens nimmt die Uniformität ihres Denkens und (späteren) Handelns vorweg.

Sprach- und Denkraum der Güllener

Dies hat nun aber nicht zur Folge, dass die Sprache des Dramas insgesamt uniform (gleichförmig) ist. Dürrenmatt erweist sich einmal mehr als jemand, der das Instrument Sprache virtuos zu nutzen versteht. Davon zeugen die eingesetzten sprachlich-stilistischen Mittel, von denen hier einige behandelt werden sollen, die aber immer in ihrer Funktionalität im konkreten Zusammenhang zu betrachten sind (siehe den einleitenden Abschnitt zum Thema „Stil und Sprache").

Stilmittel

Zum sprachlichen Arsenal der Komödie gehören neben den bereits genannten Doppeldeutigkeiten (oder Mehrdeutigkeiten) auch

Beispiele

48 ebd.

sprachliche Paradoxien	„Zugführer: Die Notbremse zieht man in diesem Land nie, auch wenn man in Not ist.“ (S. 22)
Wortspiele	„Polizist: Untersuchen wir den Fall nüchtern.“ (S. 62) Während der gesamten Szene trinkt der Polizist aber Bier.
Anspielungen	„Bürgermeister: Meine Enkelkinder, gnädige Frau, Hermine und Adolfine.“ (S. 29) vgl. Hermann Göring/Adolf Hitler.
Kalauer	„Zachanassian: Drücken Sie hin und wieder ein Auge zu? Polizist: Da schon, gnädige Frau. Wo käme ich in Güllen sonst hin? Zachanassian: Schließen Sie lieber beide.“ (S. 28) Hinweis: auch Toten schließt man die Augen!
groteske Wendungen	„Zachanassian: Reich mir mein linkes Bein herüber, Boby. Boby: Ich kann es nicht finden. Zachanassian: Hinter den Verlobungsblumen auf der Kommode.“ (S. 52)
Ironie	„Bürgermeister: Sie haben schließlich zwei Burschen zum Meineid angestiftet und ein Mädchen ins nackte Elend gestoßen. Ill: Dieses nackte Elend bedeutet immerhin einige Milliarden, Bürgermeister.“ (S. 70)

Stilbrüche	„Zachanassian: Ein schöner Herbstmorgen. Leichter Nebel in den Gassen, ein silbriger Rauch, und darüber ein veilchenblauer Himmel, wie ihn Graf Holk pinselte, mein dritter, der Außenminister. Beschäftigte sich mit Malerei in den Ferien. Sie war scheußlich. (...) Der ganze Mann war scheußlich." (S. 55)
Sentenzen	„Der Zweite: Für Geld kann man eben alles haben." (S. 59)
Phrasen	„Polizist: Wir sind schließlich an die Gesetze gebunden." (S. 62)
Jargon	„Polizist: Steh auf, du Schwein." (S. 129)
Lyrismen	„Ill: Wolkenungetüme am Himmel, übereinander getürmt wie im Sommer. Ein schönes Land, überschwemmt vom Abendlicht." (S. 111) Hinweis: Lyrismen kennzeichnen die Gespräche zwischen Ill und Claire, in denen sie sich ihre Jugendzeit in Erinnerung rufen. Das Lyrische kontrastiert in diesen Szenen mit der nur simulierten Natur (komisch-parodistischer Effekt).
Pathetisches Sprechen	„Gatte VIII.: Keine Größe, keine Tragik. Es fehlt die sittliche Bestimmung einer großen Zeit." (S. 73)

Imperative

„Zachanassian: Gib ihm tausend, Boby. (...) Gib ihm dreitausend. (...) Dann gründen Sie eine." (alle drei S. 23) Imperative kennzeichnen die Sprache Claire Zachanassians, denn sie weiß, was sie will (deshalb Verzicht auf das Ausrufezeichen am Ende.) Ihre Sprache weist kaum einmal Hypotaxen auf, sondern beschränkt sich nahezu auf Hauptsätze und deren Reihung (Parataxen). Weitere Merkmale ihrer Sprache sind

Ellipsen

„Zachanassian: Zachanassians Lieblingsstück. Er wollte es immer hören. Jeden Morgen." (S. 54)

Verdoppelungen

Sie sind zunächst nur kennzeichnend für die Sprache der beiden blinden Eunuchen. Die Figur der Verdoppelung wird ab dem II. Akt auch Sprachfigur der Güllener in Form der Wiederholung: „Der Dritte: Das ganze Städtchen. Der Vierte: Das ganze Städtchen." oder der direkten Verdoppelung: „Alle: Eine gute Reise, eine gute Reise." (S. 82 f.) Die Güllener werden zu moralischen und sprachlichen Eunuchen. Das Denken der Güllener ist, wie ihre Sprache, „kastriert", sie sind geistig „entmannt", und sie sind blind für ihr Tun und ihre Schuld.

2.7 Interpretationsansätze

Der folgende Abschnitt greift einige in den bisherigen Kapiteln des Bandes behandelten Aspekte noch einmal auf, beleuchtet sie unter anderer Perspektive oder ergänzt sie um weitere Gesichtspunkte. Der Abschnitt bietet somit Interpretationsansätze und hat nicht die Funktion einer abgerundeten Interpretation.

Ill – der mutige Mensch

In den *Theaterproblemen* hatte Dürrenmatt darauf beharrt, dass es immer noch möglich sei, „den mutigen Menschen zu zeigen", und dass dies eines seiner „Hauptanliegen" sei. In der Brust dieser mutigen Menschen, so Dürrenmatt, würde „die verlorene Weltordnung (...) wiederhergestellt." [49] Eine Auseinandersetzung mit Dürrenmatts Drama *Der Besuch der alten Dame* könnte der Frage nachgehen, ob am Ende des Dramas in Ills' Brust tatsächlich die verlorene Weltordnung wiederhergestellt ist. Die Beantwortung dieser Frage setzt nun allerdings voraus, dass die Weltordnung selbst verlorenen gegangen ist. Dies ist unzweifelhaft im Örtchen Güllen, das modellhaft unsere (westliche) Welt repräsentiert, der Fall. Die „Werte des Abendlandes", auf die die Güllener bzw. ihre Repräsentanten sich berufen, sind zu Phrasen verkommen, sind lediglich Versatzstücke einer Ideologie, die Verbrechen als Wohltat ausgibt. Die politisch-parlamentarischen Institutionen versagen ebenso wie die Justiz, Presse und die Kirche. Und die Bildungsgüter, namentlich die Klassiker der Literatur, sind zu oberflächlichen Zeichen geworden, auf die man sich umso heftiger beruft und die man umso häufiger zitiert, je weiter man sich von den in ihnen geronnenen Werten und Verhaltensmuster entfernt. Dieser Entwicklung der Güllener steht die Entwicklung

49 Dürrenmatt, *Theaterprobleme*, zitiert nach Staehle, S. 109

Ills gegenüber. Vom Lügner, Schmeichler und Opportunisten entwickelt er sich sich zu einem mutigen Menschen, der sich seiner Verantwortung stellt. Ill überwindet seine Angst, „er anerkennt die alte, ungesühnte Schuld und stellt sich mutig dem Tod. Diese Wandlung, dieser ‚Durchbruch zur Größe'"[50] lässt Ill zum „Antipoden der Güllener" werden. Und für diese Rolle des Antipoden wählt Dürrenmatt den

> *„Allerbanalsten, einen moralisch schmuddligen Kleinbürger, der nicht nur begabt ist, die andern zu belügen, sondern auch, und vor allem, sich selbst zu belügen – was doch wohl die Eigenschaft ist, die der tragischen Erkenntnis am stärksten im Wege steht. (...) Ills Weg ist sehr viel weiter als der Weg zwischen der Milliardärin und Güllen, oder richtiger gesagt: hier ist nur eine Entgegensetzung, dort eine innere Auseinandersetzung Die Entdeckung, die uns Dürrenmatt hier beschert, ist, dass er auch dem Unscheinbaren dramatische Gewalt abgewinnen kann."*[51]

Ill – der Bekennende

Warum kann Ill aber diese Rolle des Antipoden überhaupt einnehmen, warum kann Dürrenmatt, wie Brock-Sulzer es formuliert, dem Unscheinbaren dramatische Gewalt abgewinnen?

Ill kann diese Rolle einnehmen, weil er – im Gegensatz zu den Güllenern – die Vergangenheit nicht verdrängt, weil er die Umstände, unter denen Klara, die heutige Claire Zachanassian, das Dorf Güllen verlassen musste, nicht leugnet und weil er sich zu seiner Schuld öffentlich bekennt. Im Gespräch mit dem Lehrer sagt er: „Ich habe Klara zu dem gemacht, was sie ist (...)." (S. 102). Mit seinem Tod stellt Ill also die Ordnung in seiner Brust wieder her – allerdings auch nur dort.

---

50 Urs Jenny, *Dürrenmatt*, Hannover 1973, S. 69

51 Elisabeth Brock-Sulzer, *Friedrich Dürrenmatt*, Zürich 1970, S. 84

„Ills Tod ist jedoch kein Tod, der die Gemeinschaft erlöst, wie es noch im griechischen Drama möglich war. Letztlich ist sein Tod sogar sinnlos, denn er geht nicht in einem größeren Ganzen auf, durch ihn wird nicht die Existenz eines höheren Wertes abgesichert. (...) ‚Ills Tod, indem er ‚sinnvoll' nur für ihn selbst bleibt, bringt nicht die kathartische Wirkung des Heldentodes im aristotelischen Drama hervor. Sein Heldentum (...) stellt eine mögliche, ehrliche und egozentrische Antwort auf die Situation der Ausweglosigkeit und Verzweiflung dar, die darauf verzichtet, die Ideale der Humanität als Vorwände zu bemühen'."[52]

Unterschiede zur griechischen Tragödie

In dem Umstand, dass Ill zwar sich erlöst, nicht aber die Gemeinschaft, ist ein wesentlicher Unterschied zu den Protagonisten der griechischen Tragödie zu sehen. Deren Schicksal vollzieht sich gerade in einem Denk- und Werteraum, dessen Existenz durch ihr Scheitern nachhaltig unterstrichen wird, wogegen sich Ills Schicksal in einer Gesellschaft vollzieht, die sich von ihren geistig-sittlichen Fundamenten längst verabschiedet hat. In Sophokles' Drama *König Ödipus* strafen die Götter die Stadt Theben durch die Unfruchtbarkeit der Felder, durch Feuer und Pest, weil eine alte Schuld (die des Ödipus) ungesühnt ist. Ödipus ist es nun selbst, der den Prozess der Erkenntnis und Selbsterkenntnis vorantreibt, bis er seine schuldhafte Verstrickung (Vatermord, Inzest) erkennt und sühnt. Durch seine Sühne wird die Ordnung (das Leben im Einklang mit den Göttern) wiederhergestellt – die Götter ziehen ihre strafende Hand von Theben ab. Für die Güllener beginnt mit dem Tod Ills recht eigentlich erst die Hölle auf Erden – freilich überglänzt von den Segnungen des materiellen Wohlstandes und des wirtschaftlichen Aufschwungs.

52 W. Große, *Friedrich Dürrenmatt*, Stuttgart 1998, S. 76

Manfred Durzak greift diesen Aspekt des Dramas auf, wenn er schreibt:

> *„Das ‚Welt-Happy-End', in das Dürrenmatt sein Stück einmünden lässt, stellt geradezu die Umkehrung jener reinigenden Wirkung dar, die auf die Katastrophe in der antiken Tragödie folgt. Während sich am Ende von Sophokles' ‚Antigone' der Blick auf die rätselhafte göttliche Ordnung und die moralische Größe des Menschen öffnet, wird bei Dürrenmatt jede als Katharsis zu bezeichnende Wirkung absorbiert. (...) Die Gesetze des Konsums haben die moralischen Gesetzmäßigkeiten ersetzt."*[53]

Dieses Leben, das zeigt das Stück auch, ist ein Leben, das auf ökonomische Beziehungen reduziert ist, ein Leben, in dem die Menschen dem Fetisch Ware huldigen und diesem Fetisch Ware und dem Götzen Geld ein Opfer gebracht haben, nämlich Ill. Ihr Verrat an den Werten des Abendlandes und die Ermordung Ills sind ihr Götzendienst. Der materielle Überfluss, szenisch im Stück durch die Anhäufung von Produkten und durch Kauf- und Verkaufstransaktionen signalisiert, steht dem Verlust einer zentralen menschlichen Kategorie gegenüber: dem Verlust der Liebe. Schon die Liebe zwischen Klara und Ill war von Ill auf dem Altar schnöder materieller Interessen geopfert worden (der Krämerladen); für Klara wurde Liebe zu einer käuflichen und bezahlten Dienstleistung; Claire Zachanassians Verschleiß an Männern ist nichts anderes als die Umkehrung ihrer einstigen Prostituiertenrolle: Wie sie einst von Männern gekauft wurde, so macht sie Männer jetzt zu Gegenständen ihres Inventars – mit einer Nummer versehen und jederzeit austauschbar. Claire Zachanassians Liebe zu Ill ist nur noch als versteinerter Traum möglich (das Mausoleum). Aber nicht

Verlust der Liebe

53 M. Durzak, *Dürrenmatt – Frisch – Weiss*, Stuttgart 1972, S. 97

nur die exzentrische Multimillionärin steht für die verloren gegangene Liebe. Der Alltag der Güllener spiegelt die Verhältnisse der Zachanassian wider – nur auf niedrigerem (materiellen) Niveau. Was Claire Zachanassian bereits hat, nämlich Geld, möchte z. B. auch Ills Frau gerne haben. Liebe hat in ihrer Beziehung zu Ill offensichtlich keinen Stellenwert mehr – ob sie ihn jemals hatte, kann nicht entschieden, darf zumindest aber stark bezweifelt werden. Für Ills Frau ist Ill nur noch ein Hindernis auf dem Weg in den neuen Wohlstand, in dem sie sich zwischen einem neuen Auto, neuen Schuhen und einer neuen Ausstattung des Ladens einrichten möchte. Ills Frau spiegelt am Ende der Bühnenhandlung Ills Verhalten von einst – wie er sie heiratete, um den Laden zu bekommen (Verrat an der Liebe zu Klara), so verrät sie jetzt ihren Mann, um an das von Zachanassian versprochene Geld zu kommen und am Wohlstand partizipieren zu können. Wilhelm Große schreibt über das Fehlen der Liebe im *Besuch*:

Verlust der Werte

> *„Alle Werte versagen, kein Wert ist dagegen gefeit, pervertiert zu werden, das zeigt sich vor allem an dem humanistischen Lehrer. Im Gegenteil, der Humanismus lässt sich leicht zur Kaschierung des Inhumanen missbrauchen. Einzig die Liebe wäre ein sicherer Wert, aber sie wird von keiner Person im Drama gelebt, weder in der Gegenwart noch in der Vergangenheit."*[54]

Wenn es in Dürrenmatts *Besuch der alten Dame* an jeglicher Liebesbeziehung fehlt, ja, Liebe nur noch als Zerrbild ihrer selbst vorhanden ist, so bleibt Dürrenmatt sich dabei allerdings in doppelter Weise treu. Das Fehlen wirklicher Liebe können wir auch in anderen Stücken feststellen, so etwa in den *Physikern* zwischen Möbius und seiner Frau Lina. Und

54 W. Große, S. 77

auch Romulus und seine Gattin verbindet kein starkes Liebesband, sondern seine Frau verrät und verlässt ihn. Gleichwohl steht das Thema Liebe im *Besuch der alten Dame* mehr im Vordergrund, weil der Verrat an der Liebe (Ills Verrat an Klara) zu den Handlungsvoraussetzungen gehört und Claire Zachanassian ihr Handeln mit Ills Verrat an ihrer Liebe erklärt:

> *„Ich liebte dich. Du hast mich verraten. Doch den Traum von Leben, von Liebe, diesen einst wirklichen Traum habe ich nicht vergessen. Ich will ihn wieder errichten mit meinen Milliarden, die Vergangenheit ändern, indem ich dich vernichte."* (S. 117)

Fehlende Lösung

Dürrenmatt bleibt sich aber auch in der Hinsicht treu, dass er keinen Lösungsansatz bietet, keine Heilsverkündung ausspricht. Er erweist sich als unerbittlicher, oft auch als zynischer Kritiker der Gegenwart, der eine schonungslose Bestandsaufnahme bietet, der die Verlogenheit und Falschheit entlarvt und nur allzu gern und fast immer treffend die Doppelbödigkeit der Sprache und ihrer Floskeln vorführt. Die Verweigerung einer Lösung, das Fehlen jeglichen Hoffnungsschimmers könnte dann aber zu der Auffassung führen, Dürrenmatt sei eine Art Handlungsreisender des Nihilismus, dessen Weltsicht darin bestünde, das Sinnlose und Hoffnungslose der menschlichen Existenz mit den Mitteln des Theaters zu zeigen.[55] Und sicherlich ist es so, dass gerade im Stück *Der Besuch der alten Dame* ein Endzustand mit „totaler Verderbtheit" und „absoluter Gottesferne"[56] gezeigt wird, der die Schlussfolgerung zulässt, die Welt laufe auf einen solchen Endzustand nahezu naturnotwendig zu. Hier sind zwei Einwände zu erheben: Der

55 vergl. hierzu Karl S. Guthke, *Dürrenmatt – Der Besuch der alten Dame,* in: M. Brauneck (Hg.), Das deutsche Drama vom Expressionismus bis zur Gegenwart, Bamberg 1977, S. 248

56 Durzak, S. 98

Autor Dürrenmatt vermag (oder) will keine Lösungen anbieten, die – etwa wie bei Brecht – Möglichkeiten der Veränderung aus dem Arsenal weltanschaulich-ideologisch geprägter Geschichtsauffassung ziehen. Er nimmt, als Verweigerer solcher Lösungsstrategien, vielleicht für sich in Anspruch, was er einige Jahre nach *Der Besuch der alten Dame* im Kontext seines Dramas *Die Physiker* im 17. und 18. Punkt zu den Physikern so formuliert hat:
„17: Was alle angeht, können nur alle lösen.
18: Jeder Versuch, eines Einzelnen, für sich zu lösen, was alle angeht, muß scheitern."[57]
Zugleich kann darauf verwiesen werden, dass die oben angeführte Kritik an Dürrenmatt nur dann zutreffend ist, wenn man das „Welt-Happy-End" in Güllen als den möglichen Endzustand der Welt überhaupt auffasst. Sieht man Güllen am Ende des Stückes als Ort absoluter Gottesferne, so ist in der Negation dieses Zustandes eine andere Perspektive immer noch vorhanden, die der Veränderung, Verbesserung und Heilung.

57 F. Dürrenmatt, *Die Physiker*, Neufassung 1980, Diogenes Verlag, Zürich 1985, S. 92 f.

3. Themen und Aufgaben

Die Lösungstipps beziehen sich auf die Kapitel der vorliegenden Erläuterung.

1. Skizzieren Sie anhand ausgewählter Textstellen die Wandlung Ills vom „verschmierten Krämer" zum „mutigen Menschen!"	*Lösungstipps: siehe 1.3.1 und 2.4.1*
2. Untersuchen Sie die Verwendung des Begriffs „Gerechtigkeit" im Stück! Grenzen Sie dabei auch den Begriff „Gerechtigkeit" von den Begriffen „Recht/Rechtsprechung" und „Rache" ab!	*siehe 2.4.2 und 2.3.2*
3. Analysieren und interpretieren Sie das letzte Gespräch zwischen Ill und Claire!	*siehe u.a. 2.4.1 u. 2.4.2*
4. Vergleichen Sie den „Schlusschor" der Güllener und das 1. Standlied des Chores aus der *Antigone* des Sophokles nach Inhalt und Form!	*siehe 2.1.3 und 2.3.3*
5. Sie sind Reporter einer Illustrierten oder eines Life-Style-Magazins! Verfassen Sie einen Artikel über Claire Zachanassian!	
6. Erörten Sie, ob man Dürrenmatts Stück als Beleg für die Redewendung „Geld regiert die Welt" verstehen kann!	

7. Informieren Sie sich über die Medea-Figur der griechischen Mythologie! Nehmen Sie begründet dazu Stellung, ob und inwieweit ein Vergleich zwischen Medea und Claire Zachanassian gerechtfertigt ist!

8. Verdeutlichen Sie anhand geeigneter Beispiele die Zeichenfunktion der Requisiten!

siehe 2.3.2

9. Untersuchen Sie die Sprache der Güllener! Verdeutlichen Sie dabei auch den Zusammenhang zwischen Sprachgebrauch und Denkmustern!

siehe 2.4 und 2.6

10. Verfassen Sie eine Rezension über das Drama, die sich an Ihre Mitschüler (etwa in der Schülerzeitung) richten soll!

4. Rezeptionsgeschichte/Materialien

Die folgenden Materialien ergänzen und erweitern die bisher gegebenen Informationen. Sie sollen die eigenständige Erarbeitung des Dramas unterstützen.

Werner Frizen geht im Kontext der Verweise auf die Antike im Stück den Unterschieden und **Gemeinsamkeiten zwischen Ödipus und Ill** nach und schreibt u. a.:

> *„Ziel des sophokleischen Prozesses ist das Heil der Stadt, das der alten Dame die Apokalypse: Individuum und Kollektiv stehen in einem Wechselverhältnis. Zu Beginn dominiert Ödipus, und Theben ist verseucht, am Ende muss Ödipus das entsühnte Gemeinwesen verlassen. Der scheinbar Situationsmächtige (Ödipus steht auf dem Gipfel seiner Macht; Ill glaubt, Claire ‚im Sack' zu haben) wird durch eine Serie von Beruhigungs- und Fluchtversuchen hindurch so mit einem Ich konfrontiert, daß der Wirklichkeit nicht mehr entgehen kann: Im einen Fall stellt das Schicksal die bedrohte Ordnung wieder her, im anderen muss ein Wesen von außermenschlichen Dimensionen eingreifen, dem freilich an der moralischen Ordnung nichts mehr gelegen ist. Im Ödipusschicksal Ills ist die Bewusstseinsgeschichte, die Dürrenmatt zeigen will, aufgehoben: Am Anfang steht das erwachende Ich-Bewusstsein des sophokleischen Ödipus, am Ende das universale Marktgesetz, das dem Ich den Untergang bereitet."*

W. Frizen: *Friedrich Dürrenmatt: Der Besuch der alten Dame* (Oldenbourg Interpretationen), München, 2. Aufl. 1988, S. 60 f.

Über die Schwierigkeiten, **Claire Zachanassian** ‚endgültig auf den Begriff zu bringen', äußert sich Wilhelm Große:

> *„Die mangelnde Homogenität, das Groteske an ihr, macht es unmöglich, Claire endgültig auf den Begriff zu bringen. Sie ist nicht die Verkörperung des Bösen und auch nicht einfach das den Güllenern zugesandte ‚Geschick' oder ihr Schicksal; genausowenig stellt sie als Dame von Welt eine Variante der ‚Frau Welt' dar, wie sie seit dem Mittelalter als allegorische Figur das Theater belebt. Dürrenmatt selbst hat sich gegen eine eindeutig allegorische Auslegung der alten Dame zur Wehr gesetzt, indem er schrieb: ‚Claire Zachanassian stellt weder die Gerechtigkeit dar noch den Marshallplan oder gar die Apokalypse'. Claire Zachanassian entwickelt sich nicht, wie auch fast alle anderen Figuren des Stückes starr bleiben. Sie bewegt sich außerhalb der menschlichen Ordnung, ist etwas Unabänderliches, Starres. Sie ist bar jeder Entwicklung, ‚es sei denn die, zu versteinern, ein Götzenbild zu werden'."*

Wilhelm Große: *Friedrich Dürrenmatt,* Literaturwissen für Schule und Studium (Reclam Verlag), Stuttgart 1998, S. 70 f.

Eberhard Schmidhäuser geht u. a. auf **Claire Zachanassian und die Güllener** ein:

> *„Claire kennt die Menschen. Der erste Teil ihres strategischen Programms ist bereits verwirklicht: Sie hat Güllen in bedrohliche Armut versetzt. Nun kommt sie als Besucherin, um nicht mehr durch allerlei Mittelsmänner, sondern ganz in eigener Person den zweiten Teil ihres Programms zu erfüllen. Sie führt die Güllener sogleich in gewisse Rollen ein und gibt ihnen wesentliche Regieanweisungen: Der Polizist muss beide Augen zudrücken, der Pfarrer zum Tode Verurteilte trösten, der Arzt auf Totenscheinen Herzschlag feststellen, und der Turner wird gefragt, ob er mit seinen Kräften ‚schon jemand erwürgt' hat. Die Schenkung von einer Milliarde stellt Claire völlig offen unter die Bedingung, dass jemand Ill tötet. Sie versieht diese Bedingung allerdings mit dem Hinweis, dass es ihr um Gerechtigkeit gehe. Von jeder weiteren Einwirkung sieht sie ab. Sie kann warten, und sie wartet nicht ohne Erfolg. Sie macht den ganzen Ort Güllen zu einer rechtfreien Exklave innerhalb des Staates, in dem Güllen liegt. Die Güllener bringen Ill um und erfüllen damit die von Claire gestellte Bedingung."*

Eberhard Schmidhäuser: *Verbrechen und Strafe.* Ein Streifzug durch die Weltliteratur von Sophokles bis Dürrenmatt (Beck Verlag), München 2. Aufl. 1996, S. 193

Jan Knopf fasst die **Struktur des Dramas** und des darin zum Tragen kommenden „doppelten Prozesses" prägnant zusammen:

> *Das Stück zeigt, obwohl es fortschreitend angelegt ist – die Entwicklung Güllens zur Wohlstandsgesellschaft –, zugleich eine zurückgewendete Struktur, indem es allmählich die Vorgeschichte von Ill und Klara aufdeckt, und zwar nach dem Schema von ‚König Ödipus' von Sophokles: in der Analyse der Vorgeschichte enthüllt sich allmählich die Schuld Ills, die er mit seinem Tod, dem tragischen Ende, sühnt. Das heißt: das Drama wird von zwei Strängen, von zwei Handlungen durchzogen – wenn man von der vorausgesetzten, vor der gespielten Zeit liegenden willentlichen Entwicklung der Zachanassian zur Hure absieht, und zwar der kollektiven, fortschreitenden der Güllner Gesellschaft und der privaten, analytischen des Ill; die eine endet tragisch, die andere in der Komödie, im ‚Welt-Happy-Ending'. Indem Ill die Schuld annimmt und sich der nochmaligen Unterwerfung unter die korrupte Gesellschaft entzieht, gehört ihm das Tragische, die noch mögliche Tragik des mutigen Menschen, der ‚die verlorene Weltordnung (...) in der Brust wieder herstellt', wie es in den ‚Theaterproblemen' hieß. Tragischer Schluss und Welt-Happy-Ending bedingen einander und stehen im Kontrast."*

Jan Knopf: *Friedrich Dürrenmatt.* Beck'sche Autorenbücher (Beck Verlag), München 4. Aufl. 1988, S. 94 f.

Handlungsvoraussetzungen/Zeit

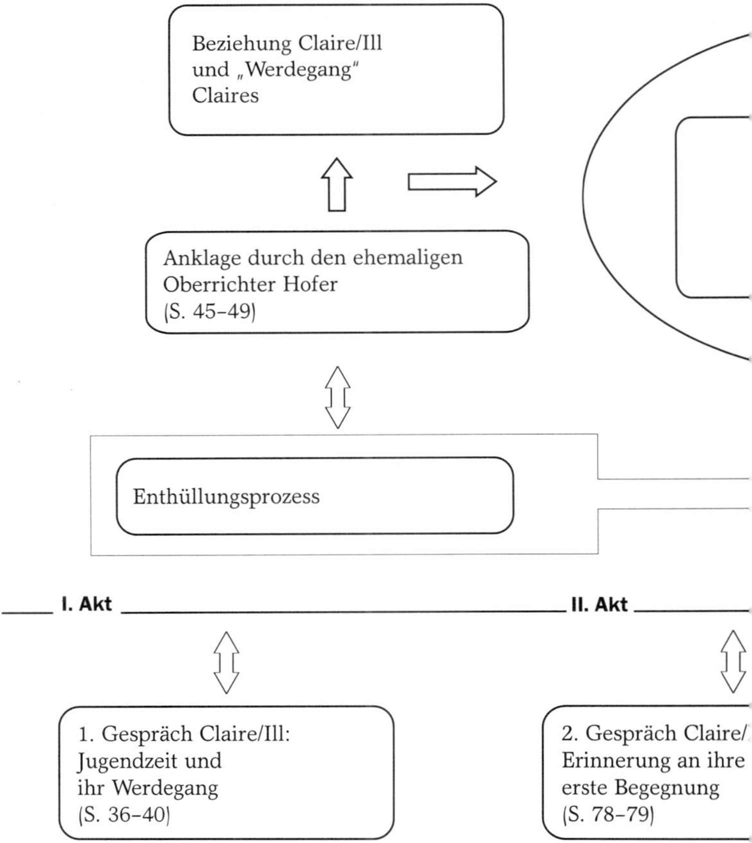

Vorwort ... 4

1. Friedrich Dürrenmatt: Leben und Werk ... 6
1.1 Biografie ... 6
1.2 Zeitgeschichtlicher Hintergrund ... 9
1.3 Angaben und Erläuterungen zu wesentlichen Werken ... 15
1.3.1 Der Einzelne und die Verantwortung. Anmerkungen zu einigen Figuren Friedrich Dürrenmatts ... 15
1.3.2 Vom Essen und Trinken – Motivverbindungen ... 21
1.3.3 Vom Zufall – Motivverbindungen ... 23

2. Textanalyse und -interpretation ... 26
2.1 Entstehung und Quellen ... 26
2.1.1 Zur Entstehung von Dürrenmatts *Der Besuch der alten Dame* ... 26
2.1.2 Zur Aufnahme des Dramas (Rezeption) ... 29
2.1.3 Zur Gattung ... 30
2.2 Inhaltsangabe ... 37
2.3 Aufbau ... 45
2.3.1 Zeit, Ort, Kompositionsstruktur ... 45
2.3.2 Zum inneren Aufbau des Dramas ... 52
2.3.3 Das Chorlied ... 64
2.4 Personenkonstellation und Charakteristiken ... 70
2.4.1 Ill ... 74
2.4.2 Claire Zachanassian ... 79
2.4.3 Lehrer/Pfarrer/Bürgermeister/Arzt ... 84
2.4.4 Ills Familie ... 87
2.4.5 Pressevertreter ... 88
2.5 Sachliche und sprachliche Erläuterungen ... 90
2.6 Stil und Sprache ... 93
2.7 Interpretationsansätze ... 99

3. Themen und Aufgaben ... 106

4. Rezeptionsgeschichte/Materialien ... 108

Anhang – Grafiken ... 112
Handlungsvoraussetzungen/Zeit ... 112
Handlungsverlauf ... 114

Literatur ... 116

Vorwort

Welche Erwartungen weckt ein Drama mit dem Titel *Der Besuch der alten Dame*? Ein Besuch hat etwas Flüchtiges. Jemand macht Station, kommt vorbei, schaut 'mal eben rein, bringt dem Besuchten vielleicht eine kleine Aufmerksamkeit mit (Blumen, Pralinen). Man tauscht sich über Erlebtes aus, plaudert, erzählt von seinen Plänen, Stimmungen und Unternehmungen.
Und eine „alte Dame"? Da erwarten wir vielleicht Gebrechlichkeit oder sogar Zerbrechlichkeit, wohl auch ein feines, gediegenes Auftreten, Zurückhaltung in Sprache und Handeln. Die „alte Dame", die in Dürrenmatts Theater-Welterfolg dem Zug entsteigt und das Örtchen Güllen besucht, ist von ganz anderem Kaliber. Darauf deuten schon ihre flammenden roten Haare hin, ihre riesigen goldenen Armringe, ihr Perlenhalsband und ihr skurriles Gefolge (Kaugummi kauende Monstren und blinde Eunuchen). Da ist von Zurückhaltung in Sprache und Auftreten nichts zu merken, da wirft jemand, kaum dem Zug entstiegen, mit Tausendern um sich und gibt in herrischem Ton und mit kodderigem Vokabular Anweisungen. Und dieser Besuch hat nichts Unverbindliches. Da kommt nicht jemand auf eine Tasse Kaffee zum Plauderstündchen vorbei, sondern die Dame setzt ein Kopfgeld aus, einen Preis für einen Mord: eine Milliarde für ein Menschenleben.
Das muss uns in seiner Unerhörtheit den Atem stocken lassen und macht uns schlagartig klar, dass wir uns vom Titel haben in die Irre führen lassen und dass wir mehr zu erwarten haben als einen Kaffeeklatsch mit Kuchen und Gebäck.
Der vorliegende Erläuterungsband will einige Verständnishilfen geben, die vielleicht auch dazu beitragen können, die

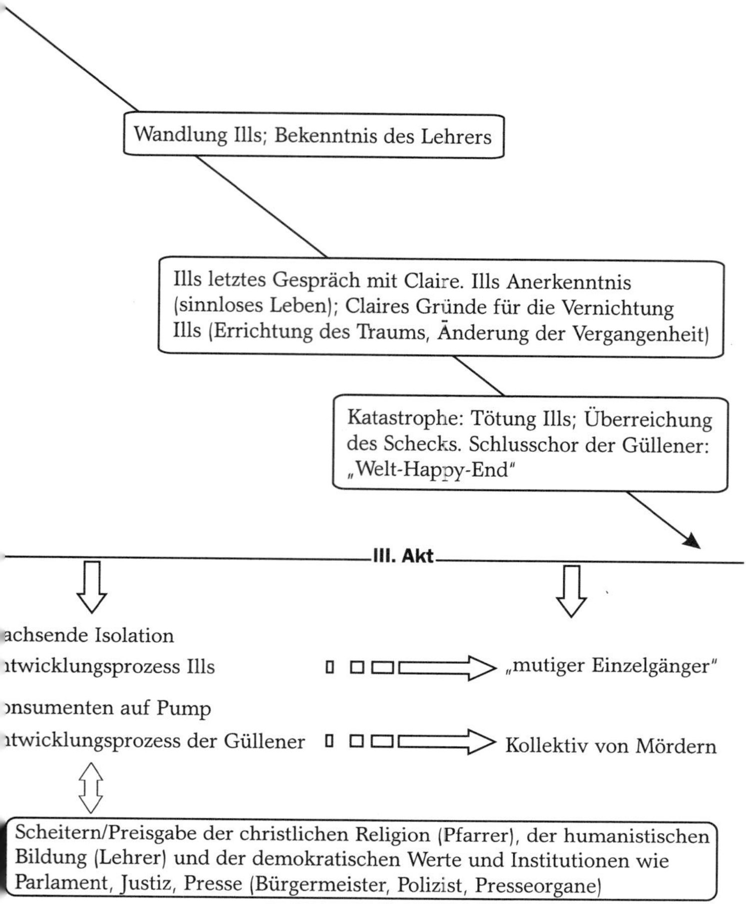
Wandlung Ills; Bekenntnis des Lehrers
Ills letztes Gespräch mit Claire. Ills Anerkenntnis (sinnloses Leben); Claires Gründe für die Vernichtung Ills (Errichtung des Traums, Änderung der Vergangenheit)
Katastrophe: Tötung Ills; Überreichung des Schecks. Schlusschor der Güllener: „Welt-Happy-End"
III. Akt
achsende Isolation
ıtwicklungsprozess Ills
„mutiger Einzelgänger"
ɔnsumenten auf Pump
ıtwicklungsprozess der Güllener
Kollektiv von Mördern
Scheitern/Preisgabe der christlichen Religion (Pfarrer), der humanistischen Bildung (Lehrer) und der demokratischen Werte und Institutionen wie Parlament, Justiz, Presse (Bürgermeister, Polizist, Presseorgane)

Literatur

Texte des Autors:

Dürrenmatt, Friedrich, *Der Besuch der alten Dame. Eine tragische Komödie.* Neufassung 1980. Diogenes Taschenbuch 23045. (Diogenes Verlag), Zürich 1998.
(Nach dieser Ausgabe wird zitiert.)

Dürrenmatt, Friedrich, *Theaterprobleme.* In: Ulrich Staehle (Hrsg.), Theorie des Dramas. Stuttgart: Reclam, 1978.

Sekundärliteratur

Badertscher, Dr. Hans, *Dramaturgie als Funktion der Ontologie.* Eine Untersuchung zu Wesen und Entwicklung der Dramaturgie Friedrich Dürrenmatts/Sprache und Dichtung Bnd. 27 (Haupt Verlag), Bern und Stuttgart 1979.

Berger, Thomas, *Friedrich Dürrenmatt, Der Besuch der alten Dame.* Analysen und Reflexionen Bnd. 67 (Beyer Verlag), Hollfeld 2. Aufl. 1992.

Brock-Sulzer, Elisabeth, *Friedrich Dürrenmatt.* Stationen seines Werkes (Diogenes Verlag), Zürich 1986.
(Der Band der Dürrenmatt-Expertin gibt einen Überblick über das Schaffen Dürrenmatts und führt in die einzelnen Werke ein.)

Brock-Sulzer, Elisabeth, *Dürrenmatt in unserer Zeit.* Eine Werkinterpretation nach Selbstzeugnissen (Friedrich Reinhardt Verlag), Basel 1971.

Durzak, Manfred, *Dürrenmatt – Frisch – Weiss.* Deutsches Drama der Gegenwart zwischen Kritik und Utopie (Reclam Verlag), Stuttgart 2. Aufl. 1973.
(Durzak stellt die Dramen Dürrenmatts nach Inhalt, Aufbau, Thema und Figurenkonstellation vor und spart dabei auch nicht mit kritischen Anmerkungen.)

Frizen, Werner, *Friedrich Dürrenmatt, Der Besuch der alten Dame.* Oldenbourg Interpetationen Bnd. 7 (Oldenbourg Verlag), München 2. Aufl. 1988.
(Frizen führt gründlich in Biografie und Dramaturgie Dürrenmatts ein, untersucht die Figuren und die Figurenkonfigurationen, geht ausführlich auf Themen, Motive und Gestaltungsmittel ein. Der Band enthält Anregungen für Aufgaben, Klausuren und Unterrichtsreihen.)

Geissler, Rolf (Hrsg.), *Brecht – Dürrenmatt – Frisch:* Zur Interpretation des modernen Dramas (Diesterweg Verlag), Frankfurt a. Main 9. Aufl. 1978.

Große, Wilhelm, *Friedrich Dürrenmatt,* Literaturwissen für Schule und Studium/RUB 15215 (Reclam Verlag), Stuttgart 1998.
(Der Verfasser widmet den Theaterstücken, Hörspielen und Prosatexten Dürrenmatts jeweils kompakte Aufsätze.)

Kästler, Reinhard, *Erläuterungen zu Friedrich Dürrenmatt, Der Besuch der alten Dame.* Königs Erläuterungen und Materialien Bnd. 366, Hollfeld 5. Aufl. 1997.

Knapp, Gerhard P., *Friedrich Dürrenmatt.* Sammlung Metzler Bnd. 196/Realien zur Literatur (Metzler Verlag), Stuttgart 2. Aufl. 1993.
(Hier findet sich eine kompakte Einführung in das Gesamtwerk von Dürrenmatt.)

Knopf, Jan, *Friedrich Dürrenmatt.* Beck'sche Reihe Autorenbücher 611(Beck Verlag), München 4. Aufl. 1988.
(Auch Knopf bietet eine kompakte Einführung in das Gesamtwerk von Dürrenmatt.)

Krättli, Anton, *Friedrich Dürrenmatt.* In: Kritisches Lexikon zur deutschsprachigen Gegenwartsliteratur (KLG) Bd. 2, edition text und kritik (Hrsg. Heinz Ludwig Arnold), 37. Nachlieferung (NLG).

Mayer, Hans, *Brecht und Dürrenmatt oder Die Zurücknahme.* In: Manfred Brauneck (Hrsg.), Interpretationen: Das deutsche Drama vom Expressionismus bis zur Gegenwart (Buchners Verlag), Bamberg 3. Aufl. 1977, S. 212–223.

Mayer, Sigrid, *Friedrich Dürrenmatt, Der Besuch der alten Dame.* Grundlagen und Gedanken/Drama (Diesterweg Verlag), Frankfurt a. Main 7. Aufl. 1998.

Mennemeier, Franz Norbert, *Modernes deutsches Drama.* Kritiken und Charakteristiken Bd. 2: 1933 bis zur Gegenwart (Uni-Taschenbücher 425/Fink Verlag), München 1975.

Möller, Dr. Hans-Martin, *Friedrich Dürrenmatt, Der Besuch der alten Dame.* Mentor Lektüre Durchblick Bnd. 324 (Mentor Verlag), München 1997.
(Der sehr schmale Band (67 Seiten) verschafft einen Überblick über das Drama und bietet Aufgaben mit Lösungstipps. Dem Profil der Reihe entsprechend, werden einzelne Aspekte nur kurz angerissen.)

Neis, Edgar, *Erläuterungen zu Friedrich Dürrenmatt, Der Besuch der alten Dame – Die Physiker.* Königs Erläuterungen und Materialien Bnd. 295 (Bange Verlag), Hollfeld 18. Aufl. 1996.

Profitlich, Ulrich, *Friedrich Dürrenmatt. Komödienbegriff und Komödienstruktur – eine Einführung* (Kohlhammer Verlag), Stuttgart 1973.

Materialien aus dem Internet

Zu *Der Besuch der alten Dame*:

http://home.germany.net/100-117926/deutsch3.htm
(Lesetagebuch zu „Der Besuch der alten Dame"; von Robert Vater)

http://home.germany.net/100-117926/deutsch12.htm
(Lesetagebuch zu „Der Besuch der alten Dame"; von Sven Lehnen)

http://www.google.de/search?q=cache:8hRmraQGjuAC:www.uni-paderborn.de/schulen/sem/download/garske1_dame.pdf+Der+Besuch+der+alten+Dame&hl=de
(produktorientierte Vertiefung der Vorgeschichte; von Dr. Volker Garske, für Lehrer)

http://web.mit.edu/course/21/21F.403/www/plakate.htm
(Vergleich von Theater- und Filmplakaten zu „Der Besuch der alten Dame")

http://www.cwru.edu/artsci/modlang/german-drama/besuch-inhalt.html
(Inhaltsangabe, Interpretation, Charakteristiken)

Zu Leben und Werk Friedrich Dürrenmatts:

http://www.snl.ch/d/online/na_durre.htm
(Bibiliografie der wissenschaftlichen Sekundärliteratur zum Werk von Friedrich Dürrenmatt ab 1987, chronologisch/alphabetisch)

http://www.ub.fu-berlin.de/internetquellen/fachinformation/germanistik/autoren/multi_cde/duerren.html
(umfangreiche Linksammlung der FU Berlin zu Dürrenmatts Leben und Werk)

http://www.mtholyoke.edu/sacad/germ/courses/german201/besuch.html
(Allgemeines zu Dürrenmatt und seinen Werken, Linkliste)

Bitte melden Sie dem Verlag „tote" Links!

Verfilmungen

Der Besuch der alten Dame. BRD (Verfilmung für das Fernsehen) 1959.
Regie: Ludwig Cremer.
Drehbuch: Friedrich Dürrenmatt.
Elisabeth Flickenschildt als Claire Zachanassian, Hans Mahnke als Alfred Ill.

Der Besuch. USA/BRD/Frankreich/Italien 1963.
Regie: Bernhard Wicki.
Drehbuch: Ben Barzman.
Ingrid Bergman als Claire Zachanassian, Anthony Quinn als Alfred Ill.

Der Besuch der alten Dame. Schweiz/BRD (Verfilmung für das Fernsehen) 1982.
Regie: Max Peter Ammann.
Drehbuch: Friedrich Dürrenmatt.
Maria Schell als Claire Zachanassian, Günter Lamprecht als Alfred Ill.

Handlungsverlauf

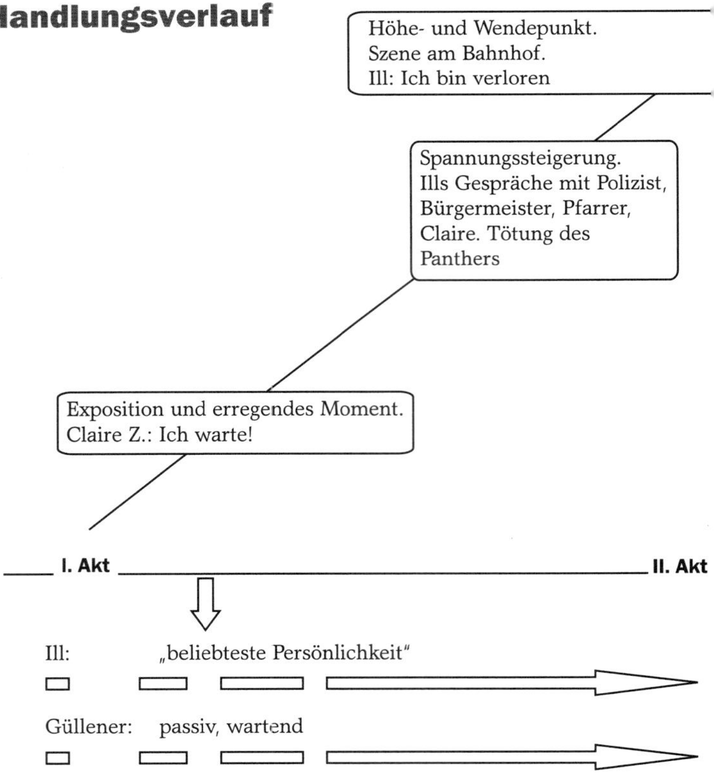

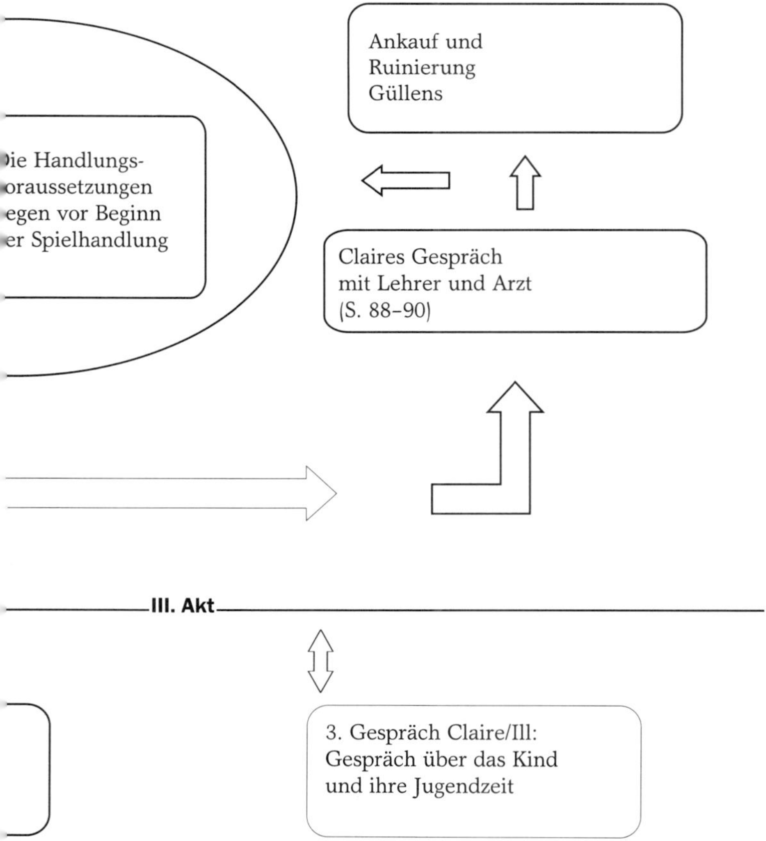
Ankauf und Ruinierung Güllens
)ie Handlungs-
oraussetzungen
egen vor Beginn
er Spielhandlung
Claires Gespräch mit Lehrer und Arzt (S. 88–90)
III. Akt
3. Gespräch Claire/Ill: Gespräch über das Kind und ihre Jugendzeit